Jutta Plötz

Islandpferde halten, pflegen, reiten

Müller
Rüschlikon

Einbandgestaltung: Nicola van Ravenstein, R2

Titelbild: Sabine van Waasen
Foto Umschlagrückseite: Klaus Pöpping
Bildnachweis: Fiona Bayliss: S. 84, 85; Herdís Brynjólfsdóttir: S. 13, 17, 89, 90 oben, 91 oben, 92; Kerstin Diacont: S. 55, 56, 81; Birgit Hegemann: S. 8, 36, 37, 64; Juliane Klingner-Koßmann: S. 1, 19 re., 27, 59 li. oben u. unten, 71, 76; Stephan Kube: S. 79; Kathrein Masuhr: S. 94; Klaus Pöpping: S. 14; Ulrike Pöpping: S. 62; Tierfotografie Sabine van Waasen: S. 4, 7, 9, 16, 18, 20, 21, 23 li., 24 unten, 25, 34, 38, 45, 49, 60, 69, 75, 77, 87. Ulrich Neddens Tierfotografie: S. 24 oben. Alle übrigen Bilder stammen von Jutta Plötz.

Eine frühere Auflage dieses Buches ist unter der ISBN 978-3-275-01829-1 erschienen.

ISBN 978-3-275-02052-2

Copyright © by Müller Rüschlikon Verlag
Postfach 103743, 70032 Stuttgart
Ein Unternehmen der Paul Pietsch Verlage GmbH & Co. KG

4. Auflage 2024

Sie finden uns im Internet unter www.mueller-rueschlikon-verlag.de

Lektorat: Angela Saur
Innengestaltung: Kerstin Diacont
Druck und Bindung: DZS Grafik d.o.o., 1210 Ljubljana
Printed in Slovenia

1

Einführung

1. Einführung

Islandpferde machen süchtig! Für manche Menschen sind Islandpferde die tollste Pferderasse, die es gibt. Ob das für Sie ebenfalls stimmt, müssen Sie selbst herausfinden.

Deshalb an dieser Stelle eine Warnung! Wenn Sie weiterlesen oder wenn Sie Ihre erste Reitstunde hinter sich haben, ist es zu spät. Sie werden spätestens in ein paar Jahren ein eigenes Islandpferd haben. Geben Sie sich keiner Illusion hin. Wer einmal getöltet ist, will es immer wieder tun und ein Isi ganz für sich allein haben.

Rudolf Binding schreibt in seinem Buch »Reitvorschrift für eine Geliebte«: »Eitelkeit ist ein stärkerer Antrieb zur Bekanntschaft mit Pferden als die Liebe zu ihnen. « Ich sage: Eitelkeit ist nie der Motor zur Bekanntschaft mit Islandpferden. Hier ist es immer die Liebe zum Pferd und zur Natur. Und es ist der Beginn einer wunderbaren Freundschaft.

Denn Islandpferdereiten macht einfach Spaß! Und nicht nur das Reiten. Islandpferdefreunde sind offen, kommunikativ, gut gelaunt, naturverbunden, wetterfest und abenteuerlustig. Sie wollen mit ihrem Pferd etwas erleben. Sie wollen ihre Zeit gemeinsam verbringen. In der Islandpferdeszene findet man mehr Spät- und Quereinsteiger als in anderen Reitweisen. Das liegt einfach an den tollen Pferden. Sie schüchtern nicht so stark ein wie ein 1,80 Meter großer Hannoveraner oder wie ein temperamentvoller, zappeliger Araber. Es gibt auch bei den Islandpferden viele sehr temperamentvolle Tiere. Sie sind aber nicht zappelig, sondern cool und gelassen und vermitteln Neulingen von Anfang an ein sicheres Gefühl. Das ist fast das Tollste an diesen Pferden: dass man von Anfang an das Gefühl hat, richtig zu sein. Natürlich müssen Sie viel lernen und werden auch Fehler machen, aber von Anfang an fühlen Sie sich nicht falsch.

Ein gut gerittenes Islandpferd ist schön anzusehen, völlig egal, ob eine Anfängerin darauf sitzt, ein Späteinsteiger, ein Kind, eine Seniorin, ein Freizeitreiter oder Turniercrack. Ein Islandpferd, das mit Freude geritten wird, strahlt auch immer Freude, Energie und Lebenslust aus.

Wenn man ein Islandpferd führt, hat man im wahrsten Sinne des Wortes ein Pferd auf Augenhöhe und keines, das uns überragt. Es vermittelt nicht das Gefühl, dass es auf uns herab sieht. Allein dies trägt schon ein wenig zur eigenen Entspannung bei.

Gerade für Späteinsteiger oder Anfänger sind Pferde oft sehr respekteinflößend, was auch nachvollziehbar ist. Da hilft es, klare Fakten zu kennen. Beim Islandpferd gibt es viel Wissenswertes, das das Vertrauen in sie fördern kann: Das Islandpferd war für die Menschen auf Island überlebenswichtig. Man musste sich zu 100 Prozent auf das Pferd verlassen und durfte nicht gezwungen sein, es zu jedem Schritt zu motivieren. Die Pferde mussten von allein gern und fleißig vorwärts gehen. Aber sie mussten auch jederzeit anhalten oder einfach nur stehen und warten, dass der Mensch wiederkommt. Sie mussten im Charakter einfach, gut und klar sein.

Widmung

Annette – Danke für die Islandpferde.
Judith – Ich bin stolz auf Dich! Du bist ein toller Mensch!

Alles andere wäre für den isländischen Menschen fatal gewesen. Darum wurde bei der Zucht besonders großer Wert auf diese Eigenschaften gelegt.

Nun leben Sie und ich in einer zivilisierten Welt. Wir müssen nicht zig Kilometer auf einem Pferderücken zurücklegen, um zu unserem Ziel zu kommen. Für uns ist ein Pferd kein Transportmittel und keine Arbeitskraft mehr. Für uns ist das Pferd ein Hobby. Wir wollen Freude mit ihm haben. Wenn wir ausreiten, sind immer wieder Straßen zu queren. Das fordert von unserem Pferd eine hohe innere Ausgeglichenheit, Ruhe und Vertrauen in den Reiter. Ein niedriger Fluchtreflex erhöht unsere Sicherheit. Das alles und noch vieles darüber hinaus gibt uns das Islandpferd. Und sie können noch mehr: Islandpferde machen glücklich!

Warum das Islandpferd ist, wie es ist

Als die Wikinger die Insel besiedelten, brachten sie ihre Pferde mit. Wenn sie auf ihren Raubzügen Pferde erbeuten konnten, brachten sie diese ebenfalls auf die Insel. Die Rasse war dabei ganz egal, ob Shetlandpony oder Exmoorpony. Aber sie betrieben auch Handel mit anderen Ländern. Pferde aller Rassen, auch Pferde mit hohem Vollblutanteil wie beispielsweise Iberer wurden eingetauscht und es finden sich bei den Islandpferden deutliche Merkmale dieser Rassen. Es gibt Pferde mit langem Hals und Hechtkopf, mit Ramsnase, mit Wildfärbungen an den Beinen oder Aalstrich auf dem Rücken.

Aus all diesen ersten Rassen entstand durch sorgfältige Züchtung und natürliche Auslese eine neue eigenständige: das Islandpferd. Es vereint alle guten Eigenschaften der Stammpferde in sich. Zu Beginn haben die Isländer aus reiner Notwendigkeit die besonderen Eigenheiten dieser Pferderasse herausgezüchtet. Sie benötigten sichere, fleißige, kooperative, aber auch selbstständige und bequeme Pferde. Mit großer Konsequenz wurden die Pferde auf diese Charakter- und Reiteigenschaften gezüchtet. Vor rund 1000 Jahren haben die Isländer in einer großen Volksabstimmung, dem Althing, entschieden, dass kein fremdes Pferd mehr auf die Insel durfte. Auf diese Weise wurden keine unerwünschten Eigenschaften mehr eingekreuzt. Man wusste, was man wollte und veränderte die Islandpferde nicht mehr. Außerdem wurden so Krankheiten von dem Pferdebestand auf der Insel fern gehalten.

Die Islandpferde gehörten quasi in den Haushalt. Die Oma ritt darauf zur Kirche, die Kinder machten ihre Wettrennen darauf. Die Pferde mussten auf den Äckern arbeiten, Lasten tragen, Flüsse durchqueren oder Berge erklettern. Egal, was von ihnen verlangt wurde, sie mussten immer kooperativ sein. Waren sie das nicht, wurden sie geschlachtet. Isländer sind bei diesem Thema auch heute noch sehr pragmatisch. Sie können mit den so genannten Fleischpferden umgehen wie wir mit unseren Schweinen oder Kühen – das Tier ist zum Essen da. Bei der Christianisierung der Isländer wurde ihnen von der katholischen Kirche erlaubt, weiterhin Pferdefleisch zu essen, da das Leben auf der Insel sehr karg war und man den Bewohnern den wichtigen Eiweißlieferanten nicht nehmen durfte. Hätte die Kirche dies nicht getan, wären die Isländer nicht konvertiert.

Zu Beginn des 17. Jahrhunderts hatte Dänemark ein Handelsmonopol auf Island. Wenn die dänische Handelsgesellschaft vergaß, Island zu beliefern, leisteten die Islandpferde mit ihrem Fleisch den Menschen auf der Insel gute Dienste und bewahrten sie vor dem Verhungern.

Pferdefleisch ist ein wichtiger Exportartikel Islands. Es werden keine lebenden Schlachtpferde exportiert! Die Pferde werden gegen Ende der Weidesaison geschlachtet, dann sind sie schön fett. Man kann über diesen Umgang denken, wie man möchte, sollte dabei aber berücksichtigen, dass wir Deutschen zum Beispiel Kühe essen, was einem Inder nie in den Sinn käme.

Gleichzeitig lieben die Isländer ihre Reitpferde, so wie wir die unseren. In früheren Zeiten wurden die Pferde sogar mit ihren Besitzern beerdigt und manches bekam einen eigenen Grabstein.

Ende des 18. Jahrhunderts gab es einen fürchterlichen Vulkanausbruch in der Laki-Spalte, der fast 80 % des Pferdebestandes durch Feuer, größtenteils aber durch den anschließenden Futtermangel tötete. Es überlebten nur ungefähr 8.000 Pferde. Sie waren die stärksten und leichtfuttrigsten und wurden zu den Vorfahren aller heutigen Islandpferde.

Im 19. Jahrhundert wurden Islandpferde als Grubenpferde nach England exportiert. Sie blieben Zeit ihres Lebens unter Tage. Einige Zeit später kamen sie dann auch nach Deutschland, veranlasst unter anderem durch eine Aktion der Bild-Zeitung. Diese startete 1956 eine große Kampagne, in der von den Schlachtfohlen in Island berichtet wurde. In Rettungsaktionen wurden viele Fohlen nach Deutschland geholt. Ab diesem Zeitpunkt begann der unaufhaltsame Siegeszug der Wikingerpferde in Deutschland. Heute gibt es hier nahezu so viele Islandpferde wie in ihrer Heimat Island, mit steigender Tendenz.

Eine Reitlehre, so wie es sie seit Jahrhunderten zum Beispiel in Deutschland, Österreich oder Frankreich gibt, gab es auf Island nicht. Die Sättel wurden sehr pragmatisch entwickelt. Weil das Islandpferd einen niedrigen Widerrist hat, wurde der Sattel mit einem unter dem Schweif durchgehenden Lederriemen daran gehindert, nach vorn zu rutschen.

Auch heutzutage werden Islandpferde in ihrer Heimat halbwild gehalten. Sie haben riesige Areale zur Verfügung und leben ohne Vorgaben durch den Menschen. Im September werden sie mit Treibern

Eine Stute mit ihrem Fohlen auf der Weide.

Freundliche Augen unter einem dichten Schopf: das Islandpferd.

vom Hochland zurückgetrieben. In einer sehr spannenden und lebendigen Aktion werden die Pferde aussortiert und ihren Eigentümern zugeordnet. Die Züchter entdecken oft erst an diesem Tag, ob ihre Stuten Fohlen bekommen haben und wie diese aussehen. Weil die Farmer ihre Pferde gut kennen und die Mutterstuten gekennzeichnet sind, ist die Zuordnung der Fohlen nicht so schwer, wie man denken könnte. Wenn alle Islandpferde ihren Farmen zugeordnet wurden, werden sie auf so genannte Hauswiesen getrieben. Für deutsche Verhältnisse sind diese Hauswiesen riesengroß und die Pferde leben sozusagen weiterhin wild. Nur in besonders harten Wintern wird zugefüttert. Die Fohlen wachsen im Familienverband auf und werden erst mit etwa vier Jahren angeritten. Spätestens

dann wird entschieden, ob das Pferd ein Fleischpferd oder ein Reitpferd wird.

Auch bei uns in Deutschland bleiben die Fohlen zunächst bei ihrer Mutter, bis sie als Jährling in Jungpferdegruppen kommen. Meist sind zwei oder drei ältere Pferde in dieser Gruppe. Sie erziehen die Fohlen, die lernen, in einer Gruppe zu kommunizieren und sich auszuprobieren. Mit ungefähr vier Jahren sind sie im Körper und – viel wichtiger – im Kopf soweit, dass sie angeritten werden. Nach vier bis zwölf Wochen Beritt kommen sie zurück in ihre Herde. Dort entspannen sie wieder und reifen heran. Das Gelernte verankert sich in ihrem Kopf. Werden sie mit fünf Jahren zurück auf den Hof geholt und wieder geritten, haben sie selten etwas vergessen. Sie arbeiten gern mit.

Galopp ohne Reiter.

Rein optisch sind die meisten Islandpferde eher »Tiefstapler«, doch in den letzten Jahren hat sich das Islandpferd sehr in Richtung Größe und Eleganz verändert. War eine Körpergröße von 1,32 Metern noch vor 20 Jahren durchaus üblich oder überragte ein Exemplar mit 1,47 Meter wie eine Giraffe alle anderen in der Herde, sind sie heute im Durchschnitt 8 Zentimeter größer als früher. Ein Isi mit 1,32 Meter Stockmaß ist nahezu eine Seltenheit. Mit der Körpergröße von 1,30 bis 1,47 Meter gehören sie in die Kategorie »Pony«. Auf Island war die Unterteilung in Pferd und Pony nicht nötig. Man sprach vom Islandpferd. Und bedingt durch ihre Einsatzvielfalt und Tragkraft wird kaum ein Islandpferdefreund die begrenzende Kategorie oder Wortwahl »Pony« für sein Pferd gelten lassen.

Die Isis haben meist eine dichte, lange Mähne und einen ebenso dichten, langen Schweif. Es gibt alle Farbvarianten mit Ausnahme von Tigerschecken (»Pippi-Langstrumpf-Pferd«).

Auch der Körperbau ist sehr vielfältig. Es gibt hochbeinige, eher elegante Pferde mit schmalen Köpfen. Diese Pferde sind häufig eher größer. Es gibt aber auch kräftige, kurzbeinige Pferde mit breiter Brust und breitem Rücken, Pferde, die eher groß sind, aber massig und kräftig aussehen. Es gibt Köpfe, die elegant und fein wirken, genau wie einfache breite Köpfe mit engen Kinnbacken (Ganaschen). Es gibt Pferde, die einen sehr kurzen, hoch angesetzten Hals haben, aber auch Pferde mit Schwanenhälsen, Pferde, die einen sehr kurzen Rücken haben, und sol-

9

Einfach durch die Menge gehen und einkaufen ist kein Problem. Isis sind aufmerksam, aber cool und gelassen.

che, bei denen man glaubt, man könne bequem zu zweit auf dem Rücken Platz finden.

Je nachdem wie der Pferdekörper gebaut ist, also wie das Gebäude des Pferdes ist, kann man reiterliche Grenzen vermuten, die durch die körperliche Eigenart vorprogrammiert scheinen. Aber auch hier überraschen die Isländer oft. Bei diesen Pferden dürfen Sie nie von außen auf die Qualität schließen.

Unerfahrene sehen Islandpferde zunächst oft als Kinderpferd. Wer eine Herde Islandpferde auf der Wiese oder im Stall ansieht, hat manchmal den Eindruck eines eher gelangweilten oder müde aussehenden Pferdes. Auf manch einen wirken sie sogar apathisch und völlig unspektakulär, was beides nicht der Wahrheit entspricht.

Für die Isländer war ein Pferd, das immer kooperativ, klar im Kopf und leistungsbereit war, wichtig und zwingend erforderlich, weil der Mensch sich auf Island lange Zeit nur auf dem Pferd fortbewegen konnte. Das ist zum Teil noch heute so. Aus diesem

Grund wurde in der Zucht sehr stark darauf geachtet, dass nur mit den Hengsten und Stuten weitergezüchtet wurde, die diese positiven Eigenschaften aufwiesen. Pferde, die schwierig waren, die sich nicht einzeln von einer Herde wegreiten ließen oder die nicht besonders lernwillig oder intelligent waren, wurden geschlachtet. Das mag für uns barbarisch klingen, war aber überlebenswichtig. Denn noch in den 1950er Jahren gab es in Island keine Fahrzeuge, die die unwirtlichen Wege durch Flüsse oder über Lavafelder schaffen konnten. Es gab kein Straßennetz, das die Höfe miteinander verband. Man war auf das Pferd und dessen Kooperation angewiesen.

Das Pferd musste mutig sein und sich seinen Weg durch die Flüsse selbst suchen. Es musste seine Beine sicher setzen, wenn es einen Berg hoch ging oder sich seinen Weg durch das Lavageröll bahnen musste. Es musste leichtfuttrig sein, denn auf Island gibt es zwar Wiesen, aber das Gras wächst nicht so gut wie in Mitteleuropa und hat nicht so viele Nährstoffe.

Charakter durch Zucht

Islandpferde werden seit über 1000 Jahren rein gezüchtet. Das heißt auch, dass seit dem Beschluss des isländischen Parlaments Althing um 900 n. C. kein Pferd, das die Insel verlässt, wieder zurückkommen darf. Das gilt bis in die heutige Zeit! Auch kein anderes Pferd durfte eingeführt werden. Auf diese Weise war man vor Kreuzungen mit unerwünschten Charaktereigenschaften sicher. Haflinger beispielsweise haben viele Vollblüter auch in ihren jüngeren Ahnentafeln. An sich sind Haflinger gemütsstarke und geduldige Pferde. Bei vielen aber kommt der Vollblutanteil deutlich heraus. Daher gelten sie im Umgang oft als stur und schwierig und erfordern Erfahrung.

Die Regelung, dass kein Pferd zurückkommen darf, stellt die heutigen Isländer allerdings vor ein Problem, denn das bedeutet, dass keine Islandpferdeweltmeisterschaft auf Island stattfinden kann. Das bedeutet aber auch, dass, wollen isländische Reiter bei einer WM gewinnen, sie ihr bestes Pferd von der Insel holen und nie wieder zurückbringen können. Damit ist die Entscheidung der Isländer, mit eigenen Pferden teilzunehmen, immer eine Entscheidung, die das ganze isländische Volk mit sehr gemischten Gefühlen betrachtet. Oft ist ein Spitzenpferd in Island ein Pferd, das zumindest gefühlsmäßig jedem Isländer gehört. Und wenn eines dieser Pferde für eine Weltmeisterschaft gemeldet wird, ist das in jedem isländischen Haushalt Thema, jeder nimmt Anteil.

Quo vadis Islandpferde oder Islandpferde heute

Viele Reiter aus dem Warmblutbereich reiten sehr große Pferde; Stockmaß von 180 cm und größer ist keine Seltenheit. Pferdeaffine Menschen sehen diese Pferde im Fernsehen, in Zeitungen oder auf Wiesen. Das Bild eines Reiters auf so einem Pferd ist uns allen vertraut und beeinflusst auch unsere Wahrnehmung. Auf kleinen Pferden sieht man nur Kinder. Gerade Islandpferde-Neueinsteiger haben Zweifel: »Ich bin zu schwer für ein Islandpferd.« oder das eitlere »Ich sehe auf so einem kleinen Pferd nicht gut aus.«. Außerdem zahlen finanzkräftige Kunden höhere Preise für ein elegantes hochbeiniges Pferd mit aufregender Ausstrahlung; entsprechend wird gezüchtet. Das und die Tatsache, dass

Entspannung pur mit Islandpferd.

Islandpferde im Trend liegen (keine andere Pferde-rasse hat ein derartiges Wachstum) ist leider eine Hauptursache immer größer werdender Island-pferde.

Sieht man sich ursprüngliche, natürlich entwickelte Pferdepopulationen (Dülmener, Mongolen, Mustangs, Araber, etc.) an, sieht man, ein gesundes starkes Pferd ist nicht groß. Die Natur hat das optimale Gebäude und die sicherste Größe längst gefunden. Die modernen Zuchtlinien sind ein Fehler für die Islandpferde. Durch Zucht auf Größe und Eleganz werden sie empfindlicher und verletzungsanfälliger. Sehnen sind nicht mehr so belastbar, Rücken können nicht mehr so viel tragen. Moderne, große, filigrane Pferde haben oft ein dünneres Nervenkostüm und sind im Stoffwechsel empfindlicher. Kaufinteressierte sollten auf eine gesunde Zucht, ein gutes Mittel zwischen klassischem Gebäude und moderner Größe achten.

Islandpferde – etwas ganz Besonderes

Wir Islandpferdereiter sind stolz darauf, ein wenig anders und besonders zu sein. Früher sah man uns nur in handgestrickten Islandpullovern und Jodhpurreithosen. Die Jodhpurhosen sind geblieben, die Pullis sieht man nur noch selten.

Auf Dressurvierecken sind wir zwar in letzter Zeit häufiger zu finden, aber lieber machen wir Ausritte oder tölten über die Ovalbahn. Und eine Reithalle war früher nur was für Weicheier. Aus Unwissen war man relativ lange der Meinung, dass unsere Islandpferde es nicht nötig haben, nach der klassischen Dressur geritten zu werden. Gymnastizierung durch Biegen, Schenkelweichen oder Schulterherein schien nicht nur total langweilig, sondern sogar

überflüssig. Es reichte doch völlig, geradeaus zu tölten. Dabei bemerkte niemand, dass unsere Pferde steif wie eine Bahnschiene wurden. Um die Kurve zu reiten, war gar nicht möglich.

Aber das war alles egal – denn wir hatten Islandpferde. Niemand außer uns hatte so tolle Pferde. Niemand konnte sein Pferd einfach so hinter dem Haus halten und einfach ausreiten, wenn man Lust hatte. Niemand hatte so freundliche, fleißige und schöne Pferde wie wir. Wir waren etwas ganz Außergewöhnliches und Besonderes.

Diese Begeisterung haben wir in die Welt getragen und heute sind wir immer noch etwas Besonderes, aber nicht mehr so außergewöhnlich. Die Fangemeinde wächst stetig. Und wir haben – unseren Islandpferden zuliebe – dazugelernt. Heute ist es gang und gebe, mit dem Isi in einer Reithalle oder auf dem Reitviereck Dressur zu reiten. Denn auch Islandpferde sollten regelmäßig Dressur geritten werden, wenn Beweglichkeit und Gangqualität erhalten bleiben sollen.

Und so, wie wir besondere Menschen mit besonderen Pferden sind, haben unsere Pferde auch weiterhin isländische Namen, denn auch bei der Namensgebung wird aufgepasst und der ursprüngliche Gedanke erhalten. Für kurze Zeit vergaben einige wenige private Züchter in Deutschland Namen wie bei Großpferden. Da wurden die schönsten Islandpferde auf Freixenet, Bailey oder Joachim getauft. Dies ist zur großen Freude der eingefleischten Islandpferdefans heute nicht mehr erlaubt. Der Name eines Islandpferdes muss zumindest isländisch klingen.

Allerdings sollte sich der Namensgeber gut überlegen, für welchen Namen er sich entscheidet. Wer kein Isländisch kann, sollte unbedingt einen Isländer fragen. Kürzlich besuchte meine isländische Freundin ein Gestüt hier in Deutschland. Ihr wurde ein besonders schicker viergängiger Rappwallach im schönsten Tölt präsentiert. Als er ihr als »Tittlingúr« vorgestellt wurde, bekam sie einen regelrechten Lachkrampf. In der deutschen Übersetzung verliert der eigentlich schön klingende Name doch sehr: Das Wort bedeutet Penis.

Leider endet das Dilemma nicht mit der Bedeutung des Namens, sondern geht mit der Aussprache weiter. Manch einer hat Glück gehabt mit Harpa, Soti oder Faxa und bekommt den Namen noch einigermaßen über die Lippen. Aber die meisten tragen eine größere Last mit Stirnir [Stirtnir], Gjöll [Gjötl] oder Hvinur [Kwinür]. Und wenn bei einem Importpferd dann die Herkunftsbezeichnung dazu kommt, wird die Frage danach, wie denn das eigene Pferd ausgesprochen wird, zum Ratespiel, auch auf Turnieren: Ásdísar frá Litla-Garði [Ausdisar frau Litla-Garsi].

Dabei ist die Aussprache gar nicht so kompliziert. Es gibt in der isländischen Sprache feste Regeln, von denen wir für die Aussprache der Namen nur wenige kennen müssen. Das Doppel-L klingt wie ein tl, das ð oder þ wie das englische th, das æ wie »ai« und á wie »au«, ó wie »ou«. Das Schwierigste ist für die meisten eigentlich das rollende R, das im Isländischen gebraucht wird. Aber mit ein wenig Übung gelingt auch dies. Viele Pferdenamen, ihre Bedeutung und Aussprache findet man heutzutage auf zahlreichen Internetseiten. In den meisten neueren Büchern findet man dies leider nicht mehr. In den ersten Büchern über Islandpferde wie zum Beispiel der sogenannten »Blauen Bibel« von Walter

Eggert Pálsson, ein isländischer Züchter. Seine Pferde kennen ihn so gut, dass sie liegen bleiben und sich trensen lassen. Sie vertrauen ihm und fühlen sich sicher.

Feldmann und Anna-Katharina Rostock (1985) oder in »Hrímfaxi« von Hermann Pálsson gab es gute Übersichten.

In Island hatte der Name immer eine gewisse Verbindung zum Pferd; er sagte etwas über das Pferd aus. Rauður heißt »der Rote« und ist ein Fuchs. Ein Pferd mit weißem Fuß heißt Sokka, »die Socke«, ein Fuchs mit einer hellen langen Mähne dann vielleicht Glófaxi, »Glühmähne«, Skessa »die Riesige«, Glaður »der Freundliche« und so weiter.

In Island wird der Name nicht immer sofort vergeben. Der Züchter sieht sich das Pferd an und entscheidet sich zu einem Zeitpunkt, an dem er meint, eine bestimmte Eigenschaft bei seinem Pferd zu sehen. Unter Umständen ist das Pferd dann schon einige Jahre alt.

2

Islandpferde für alle

2. Islandpferde für alle

Warum reite ich? Was will ich?

Grundsätzlich muss man sich zunächst bewusst machen, dass wir nur für uns reiten. Die Pferde brauchen das nicht. Ihnen würde es genügen, in einer Herde über Weiden zu gehen und zu fressen, sich zu beknabbern, ein bisschen zu spielen oder sich den Wind um die Nüstern wehen zu lassen.

Wenn wir uns entscheiden zu reiten, sind wir verantwortlich für die Tiere. Wir müssen ihren Rücken so stärken, dass er uns tragen kann und nicht nur ihre körperliche, sondern auch ihre geistige Gesundheit erhalten. Und wir müssen uns und unser Können regelmäßig reflektieren. Tun wir unserem Pferd gut? Oder können wir ihm etwas erleichtern? Wenn wir ein Problem allein nicht lösen können, sollten wir uns professionelle Hilfe holen. Und niemand kommt ohne Training aus. Auch wenn Sie schon reiten können, brauchen Sie zwischendurch immer den Blick von außen, der verhindert, dass sich dauerhaft Fehler einschleichen. Selbst Weltmeister oder erfahrene Trainer brauchen diese Begleitung.

Zum Einsatz kommen Islandpferde in vielerlei Sparten der Reiterei und immer öfter auch beim Fahren vor der Kutsche. Besonders geeignet sind sie für das Reiten in der freien Natur, für Ausritte oder lange Wanderritte und das feine Herausreiten ihrer verschiedenen Gänge. Das stellt durch die höhere Anzahl an Gangarten eine größere Herausforderung für den Reiter dar als bei dreigängigen Pferden. Dabei ist das Islandpferd zwar sehr geeignet für Kinder, aber keineswegs ausschließlich ein Kinderpferd. Islandpferde werden wegen ihres umgänglichen Wesens und weil sie nicht so einschüchternd wirken immer öfter als Therapiepferde eingesetzt.

Als Voltigierpferde sind nur wenige geeignet. Den meisten Islandpferden fehlt dafür der gesprungene Galopp. Leicht springt ein Islandpferd über ein kleines Hindernis, gibt in Reiterspielen alles für seinen Reiter oder trägt ihn sicher durch einen Geschicklichkeitsparcours. Und auch Lektionen der Hohen Schule der Dressur führen gut ausgebildete Islandpferde gekonnt aus.

Erwachsene Reitanfänger und Späteinsteiger

Erwachsene, die mit dem Reiten spät beginnen oder neu einsteigen und Umsteiger, die einfach etwas anderes suchen, weil sie ihre Freizeit mit dem Pferd bisher nicht richtig genießen konnten, erleben beim

Noch Fragen?

Zirkuslektionen, hier der Spanische Schritt: Auch das geht mit Islandpferden.

Islandpferd sehr oft ein Aufatmen und Ankommen. Und das ist schön und sollte so sein, denn es ist ja unser Hobby, unsere Freizeit und letztlich auch unser Geld, das wir einbringen. Positiv überrascht sind vor allem viele Umsteiger, wenn es direkt nach der ersten Reitstunde schon ins Gelände geht. Wenn die anfängliche Skepsis erst überwunden ist, haben die meisten Reitschüler großen Spaß daran.

Wenn Sie ein eher ängstlicher Typ sind, fragen Sie Ihren Reitlehrer nach einem Pferd, auf das er auch die eigene Mutter oder Oma setzen würde. Dann haben Sie – meistens – ein Pferd, das sehr ruhig und entspannt ist. Bei Menschen, die sich das erste Mal ans Pferd trauen, ist das besonders wichtig.

Das perfekte Familienmitglied

Islandpferde sind aufgrund ihrer Geschichte die perfekten Familienpferde. Im Gegensatz zum Deutschen Reitpony kann das Islandpferd im Regelfall jeden aus der Familie tragen. In Island waren ja alle darauf angewiesen. Es gab kein anderes Transportmittel. Also wurde in der Zucht nicht nur auf Charakter und Gehfreude geachtet, sondern auch darauf, dass sie Gewicht tragen können. Sie sind oft sehr fürsorglich. Sitzt ein unbedarftes Kind oder ein Reitanfänger oben, sind sie meist sehr viel ruhiger in den Gängen und lassen sich eher treiben. Kommt dann das erfahrene Familienmitglied und möchte auf einem Turnier zeigen, was der Familien-Isi alles

Als Erwachsene noch aufs Pferd? Kein Problem!

kann, dreht er auf und zeigt sich als temperamentvolles Sportpferd. Sie können auch auf einem Weltmeisterpferd einen entspannten schönen Ausritt machen. Das macht die Islandpferde perfekt für die ganze Familie.

Kinder

Das Islandpferd ist vielseitig wie keine andere Rasse. Es eignet sich dank seines guten Charakters, seines gesunden Selbstbewusstseins und seiner meist bequemen Gänge hervorragend als Reitpferd für jedes Alter. Immer wieder sind selbst eingefleischte Islandpferdefans fasziniert davon, wie ausgespro-

chen fair diese Rasse mit ihren kleinen Reiterinnen und Reitern umgeht. Sie werden zu fürsorglichen Onkeln oder Tanten, wenn so ein Zwerg die Zügel hält. Die Eltern, die von außen zusehen, bekommen das Gefühl, dass ihr Kind sich in guter Obhut befindet und platzen vor Stolz, wenn Klein-Marie oder Klein-David allein über die Bahn reiten oder sogar beim Turnier starten.

Jugendliche und Erwachsene

Für alle, die Interesse haben, sportlich zu reiten oder sich auf Turnieren zu messen, sind Islandpferde die richtigen Partner. Sie sind durch ihre extrem unter-

Eine Gehorsamsprüfung auf einem Hestadagar: Anreiten, anhalten, Ball aufnehmen, zum nächsten Halt reiten, in den Eimer werfen und – treffen. Das machen auch die Erwachsenen.

schiedlichen Angebote ganz besonders spannende Sportpartner. Bis der Tölt oder der Rennpass leicht abrufbar geritten wird, ist viel Einsatz und Können gefragt. Diese beiden zusätzlichen Gangarten erfordern auch in den Grundgangarten zusätzliches Training. Wer also gern mit seinem Pferd trainieren und arbeiten möchte, liegt mit einem Islandpferd und seinen besonderen Herausforderungen genau richtig. Der erste taktklare Tölt, den man sich erarbeitet hat, das erste Mal im Rennpass über die Bahn fliegen, dass einem die Tränen in die Augen treten von der Geschwindigkeit, das gibt es nur bei Islandpferden.

Freizeit und Senioren

Islandpferde sind, vor allem wenn sie gut ausgebildet und entsprechend veranlagt sind, außerordentlich bequeme Reitpferde und verlässliche Freizeitpartner. Auch als älterer Mensch können Sie mit Ihrem Vierbeiner viele Jahre unbeschwerte und schöne Stunden verbringen. Weil die meisten Islandpferde auch mit Ende Zwanzig noch ganz normal geritten werden können, haben Sie Ihr Pferd lange bei sich.

Schon auf das Pferd heraufzukommen ist kein großes Problem, es ist ja relativ bodennah. Und wenn

Die Reiterin ist querschnittsgelähmt. Die beiden Gerten ersetzen die Schenkel.

Man muss nicht unbedingt reiten. Islandpferde schenken auch auf dem Boden Freude.

Sie einen guten Tölter haben, wirbelt er Ihren Körper nicht durcheinander und Sie haben das Gefühl, Sie werden bis ans Ende der Welt getragen – auch wenn Sie selbst körperlich keine Bäume mehr ausreißen können. Islandpferde sind für ältere Menschen genau wie für Rückenkranke perfekte Reitpferde.

Heutzutage empfehlen sogar Orthopäden ihren Patienten, die gern reiten, ein Islandpferd. Sie wissen, dass die Bewegung und der Tölt den Reiterrücken nicht überlasten. Von vielen Patienten ist sogar zu hören, dass sich ihre Rückenprobleme gebessert haben, seit sie tölten.

Sport

Reiten ist Sport. Grundlage allen sportlichen Miteinanders sollte eine solide Ausbildung von Reiter und Pferd und selbstverständlich konsequentes Training sein. Gerade weil Islandpferde einen so guten Charakter haben, überschätzen manche Reiter ihr eigenes Können ganz gewaltig und meinen, sie müssten nichts mehr dafür tun. Dies ist dem Pferd gegenüber ungerecht. Weil Islandpferde so leistungsbereit sind, werden sie bisweilen weit über ihre Kondition hinaus beansprucht. Hier fehlt verantwortungsvolles Verhalten. Damit Reiter und Pferd die richtigen Grundlagen für ein faires und

Vertrauen auf allen Seiten.

Drei, die Spaß miteinander haben.

harmonisches Miteinander erhalten, hat die Island-pferdevereinigung (IPZV) ein umfassendes Ausbil-dungskonzept erarbeitet, das beim Motivations-abzeichen beginnt und bei Trainer- und Rich-terprüfungen endet.

Turniere …

Im Turnierbereich finden Sie verschiedenste Ange-bote, an denen Sie je nach Ihrem Können und dem Ihres Pferdes teilnehmen können. Interessant sind alle Prüfungen, und wenn Sie als Anfänger bisher nur wenig Zugang zu den Gangarten gefunden haben, werden Ihnen tolle Bilder geboten. Für alle, die noch nicht viel von Islandpferden und den besonderen Gangarten verstehen, ist es eher seltsam. Da scheinen nette kleine Ponys nur im Kreis zu rennen.

Die vielen Talente der Rasse haben dazu geführt, dass ein umfangreiches Veranstaltungsangebot gewachsen ist. So gibt es zahlreiche Turniere mit Gang- und Dressurprüfungen, Geschicklichkeitswettbewerben und Rennen mit unterschiedlichsten Schwierigkeitsgraden vom Jugend- und Freizeitturnier bis zur Weltmeisterschaft.

Eine besonders schöne Prüfung ist der Akustiktölt. Hierbei reitet man im Tölt über einen Finostrip. Ein Finostrip ist ein zwischen 15 und 20 Meter langer und circa 1,5 Meter breiter Laufsteg aus Holz. Anfang und Ende der Strecke sollten abgesenkt sein, damit die Pferde keine Stufe gehen müssen. Man reitet im Tölt an und auf die Strecke. Die Richter sitzen mit verbundenen Augen oder abgewandt von diesem Holzsteg und bewerten nur über den Klang den Tölt. Taktklarer Tölt klingt wie: Tikke-Takke-Tikke-Takke. Je klarer der Takt, desto besser wird bewertet. Spannenderweise sind die Siegerpferde selten aus dem Sportbereich. Oft kommen sie aus dem Freizeit-

Wikingertölt: Wie die alten Wikinger ohne Trense und ohne Sattel.

Wir sehen hier kein Wettrennen, es geht nur um den Takt. Die Prüfung wird im starken Tempo Tölt geritten.

bereich. Man nennt die Sieger auch gern Nähmaschinentölter.

Insgesamt gibt es in der Islandpferdereiterei ein umfassendes Prüfungsangebot. Die Bewertungskriterien sind in der Islandpferdeprüfungsordnung (IPO) festgeschrieben. Dort können Sie bei Interesse alle Regelungen zu Turnieren und Materialbeurteilungen nachlesen.

... und mehr

Und es gibt noch mehr Angebote als Turniere, Wochenendfahrten oder Urlaub. Es gibt große und kleine Wanderritte, zu denen sich Islandpferdefreunde treffen – mal sind es zwei, drei oder vier, die gemeinsam einen oder mehrere Tage unterwegs sind, mal sind es 30, 40 oder 50, die auf Einladung ihres Vereins oder eines Hofes unbeschwerte Tage im Sattel verbringen. Es gibt Orientierungsritte,

Akustiktölt auf dem Finostrip.

Egal ob zu zweit oder in der Gruppe, ob Sommer oder Winter: Reiten ist ein Miteinander. Schenken Sie sich und Ihrem Pferd Freude und Genuss im Alltag.

Distanzrennen, Schauprogramme, Adventsfeiern und viele andere Gelegenheiten, bei denen Islandpferdefreunde ihren Vierbeiner einfach schnell in den Hänger laden, um irgendwo mit anderen zusammen etwas zu erleben. Selten gibt es Verladeprobleme, weil die Pferde wissen, am Ende der Hängertour steht wieder Spaß auf dem Programm. Eins verbindet auf all diesen gemeinsamen Unternehmungen – ganz gleich, ob sich Sportreiter im Wettkampf untereinander messen oder ob die Freizeitreiter und Alleskönner gemeinsam durchs Gelände reiten: Alle schätzen den Tölt, die Lebenslust im Viertakt, der Reiter und Pferd auf dem herrlichen Waldweg ebenso verbindet wie in der gelungenen Prüfung auf der Ovalbahn.

Zudem ist die Liebe zum Islandpferd wahrhaft völkerverbindend. Wer die Isis liebt, hat schnell überall

Quadrille des IPZV Münsterland e.V. beim großen Show-Abend der Pferde 2015 in Handorf.

in Europa und darüber hinaus Bekannte und Freunde, die ebenfalls von Tölt, Rennpass, temperamentvollen Pferden und deren guten Eigenschaften fasziniert sind.

Quadrille

Seit einiger Zeit sieht man mehr und mehr Islandpferdequadrillen. Sie werden in erster Linie von Freizeitreiterinnen jeden Alters geritten. Die Showquadrille des IPZV Münsterland beispielsweise hat Mitreiterinnen von 16 bis 73 Jahren. Das ist auch etwas, das für Anfänger schnell möglich ist und Spaß macht. Und dadurch, dass Sie darauf achten, sich mit der Gruppe zu bewegen, machen Sie reiterlich viele Dinge ganz unbewusst. Das fördert Ihr Selbstvertrauen.

Eine Islandpferdequadrille bringt unglaublich viel Energie mit. Für das Publikum ein Genuss der besonderen Art. Wer schon einmal bei Apassionata in Dortmund, der Equitana in Essen oder der Pferd und Jagd in Hannover Showquadrillen gesehen hat, wird den Unterschied sofort erkennen. Wo eine Großpferdequadrille durch ruhige, klassische und gedie-

Reiterspiele bringen Abwechslung.

gene Linien in gesetztem und ausgeglichenem Tempo fasziniert, bricht eine Islandpferdequadrille diese Ergriffenheit sofort. Sie bringt Power, Energie und Leben in die größte Halle. Das Publikum wird wach und mitgerissen. Durch die Menge und Geschwindigkeit der wirbelnden Pferdebeine gewinnen alle den Eindruck, hier würden Figuren in perfektem Tölt geritten.

3

Ausrüstung von Pferd und Reiter

3. Ausrüstung von Pferd und Reiter

Ausrüstung des Reiters

Brauche ich eine Reithose?

Müssen Sie eine Reithose haben, um reiten zu lernen? Klare Antwort: Nein, das müssen Sie nicht! Sie können auch in einer Leggins, einer normalen Hose oder Jeans reiten.

Wenn Sie gerade frisch anfangen und noch nicht wissen, ob das wirklich Ihr Hobby wird, dann ist es egal, was Sie anziehen. Es sollte funktional und bequem sein. Aber Sie sollten darauf achten, dass die Hose innen am Oberschenkel dünne Nähte hat. Und die Schuhe sollten Stiefeletten, Trekking- oder Wanderschuhe sein.

Wenn Sie sich irgendwann entschieden haben, öfter zu reiten, könnten Sie weiterhin mit diesen Schuhen und der Hose reiten. Aber Ihr Sitz wird immer etwas rutschiger sein und der Stoff wird ziemlich leiden. Außerdem werden sich die Hosenbeine immer etwas hochstrubbeln. Um das zu verhindern, empfehle ich, sich dann so genannte Mini-Chaps oder auch Chapsletten zu kaufen. Das sind Reitstulpen aus Leder mit einem dehnbaren Gummieinsatz. Sie umschließen den Fuß und die Wade bis unter das Knie. Man verschließt sie mit einem Reißverschluss. Wenn Sie sich sicher aber sind, dass Sie auf jeden Fall weiter reiten möchten, dann kaufen Sie sich eine Reithose. In jedem Fall ist es besonders wichtig, dass die Hose am Bauch genug Weite hat. Sie sollte nicht zu eng sein. Wenn sie im Stehen knackig ist, ist sie auf dem Pferd zu eng. Wenn die Hose zu eng ist, schnürt sie am Bauch und am Übergang zum Oberschenkel das Blut ab. Beim Reiten muss die Beweglichkeit im Sitz, im Ober- und Unterkörper gegeben sein.

Eine Reithose unterscheidet sich von einer Alltagshose durch das Material und die Art der Nähte, durch den Besatz am Hinterteil und der Innenseite der Beine. Der Besatz war früher aus Leder. Heute gibt es verschiedene Materialien, die den gleichen Zweck erfüllen und weniger Pflegeaufwand benötigen.

Es gibt den Knie- und den Vollbesatz. Der Kniebesatz beginnt innen am Knie und setzt sich nach unten fort. Der Vollbesatz beginnt am Po. Er geht über die gesamte Sitzfläche und zieht sich über das innere Bein bis unten. Der Besatz sorgt dafür, dass Bein und Gesäß im Sattel weniger rutschen.

Bei den Reithosen gibt es zwei verschiedene Formen. Hier haben Sie nun die Qual der Wahl. Soll es eine Stiefel- oder eine Jodhpurhose sein? Bei Islandpferdereitern sehen Sie größtenteils die Jodhpurhose. Sie ist wie eine normale Hose geschnitten und sehr bequem am Bein. Es gibt sie in vielen verschiedenen Varianten und Materialien, mit Knie- oder Vollbesatz, als Hüft- oder Bundhose, mit weitem Schlag, mit Ziernähten, Zierverschlüssen und so weiter.

Die Jodhpurhose kann wegen des langen weiten Beins nur mit Schuhen getragen werden. Damit sie nicht hochrutscht hat sie einen Steg, der unter den Fuß gezogen wird, dann kommt der Schuh darüber. Man kann den Steg auch außen über den Schuh ziehen. Denken Sie aber daran, dass Sie auch mal durch Mist oder Matsch laufen und somit der Steg entsprechend nass und dreckig wird. Stiefelreithosen sehen Sie bei uns Islandpferdereitern deutlich seltener. Sie sind wesentlich enger geschnitten als Jodhpurhosen. Sie sitzen durch die Körperbetonung. Die Hosenbeine passen in die Reitstiefel, die immer einen engen Schaft haben. Bei diesen Hosen empfiehlt es sich, Reitstiefel zu tragen, obwohl auch hier die Variante Trekkingschuhe mit so genannten

Gefahrenquelle falscher Schuh.

Die Reiterin links trägt Jodhpurhosen, die rechte Reiterin Stiefelhosen.

Chapsletten oder auch Mini-Chaps geht. Es entscheidet Ihre persönliche Vorliebe. Probieren Sie im Fachhandel die verschiedenen Modelle aus. Sie sollten sich auf jeden Fall auf einen Sattel setzen oder einige Kniebeugen machen, damit Sie wissen, wie sich die Hose am Oberschenkel und Knie anfühlt. Mit dem Vollbesatz werden Sie das Gefühl haben, im Sattel zu kleben. Das ist zunächst ungewohnt, ist aber genau das, was erreicht werden soll und Sie in Ihrem Sitz unterstützt.

Reitjacke

Müssen Sie eine Reitjacke haben? Nein! Jede Jacke kann Ihre Reitjacke sein. Es ist völlig egal, ob es ein Blouson oder eine längere Jacke ist. Es ist egal, welche Farbe sie hat, ob sie wasserabweisend ist, geknöpft wird oder einen Reißverschluss hat.

Die Jacke sollte bequem sein und dem Wetter angemessen! Sie sollte Sie auf keinen Fall in Ihrer Bewegung einengen, aber auch nicht zu weit sein. Wenn Sie ausreiten und der Wind packt Ihre Jacke, könnte ein knatterndes Geräusch wie bei einem losen Segel entstehen. Dieses Geräusch kommt für die Pferde plötzlich und unerwartet von hinten-oben und sie erschrecken sich. Deswegen sollten Sie Ihre Jacke auf dem Pferd immer geschlossen haben.

Handschuhe

Um zu reiten, müssten Sie keine Handschuhe tragen. Eigentlich. Es spricht viel dafür, dass Sie es doch tun. Sie schonen die Hände und wenn Sie viel reiten, verhindern Sie Schwielen an den Fingern. Mit Reithandschuhen verhindern Sie im Sommer beim Ausritt einen Sonnenbrand (sehr unangenehm auf den Händen) und wenn es etwas kühler wird, regnerisch oder windig ist, halten sie die Hände warm. Gerade die Hände sind sehr schnell kalt und werden steif. Dann können Sie die Zügel nicht mehr richtig halten. Beim Kauf achten Sie darauf, dass die Finger, durch die die Zügel laufen, etwas verstärkt sind. Außerdem ist es wichtig, dass der Handschuh gut an der Hand sitzt, die Finger aber beweglich bleiben. Dies ist eine besondere Herausforderung bei Winterreithandschuhen. Die sind meist relativ dick und unbeweglich. Durch schlecht passende Handschuhe verlieren Sie das Gefühl für den Zügel. Auch hier gilt: Gehen Sie in den Fachhandel und probieren Sie Passform und Tragfähigkeit aus. Wie sie sich auf dem Pferd bewähren, finden Sie erst im Lauf der Zeit heraus.

Reitschuhe

Wie oben beschrieben, genügen für den Einstieg Stiefeletten, Trekking- oder Wanderschuhe. Wenn Sie sich für eine Jodhpurhose entscheiden oder eine Stiefelhose mit Chapsletten, können Sie diese Schuhe auch weiterhin nutzen. Sie müssen Ihrem Fußgelenk Halt im Knöchel geben. Sie müssen den Fuß so stabilisieren, dass er im Gelenk nicht knicken kann. Sie brauchen beim Reiten einen guten Halt im Steigbügel. Die Schuhe sollten griffige Sohlen und einen kleinen Absatz haben, der verhindert, dass Ihre Füße durch den Bügel rutschen,

Anfänger neigen dazu, ihre Füße wie eine Ballerina zu strecken und dadurch weit in den Steigbügel zu rutschen. Mit dieser Fußhaltung würde sich der Schuhrand im Steigbügel verhaken. Das beeinträchtigt den Sitz und ist gefährlich bei einem Sturz, wenn der gestürzte Reiter seinen Fuß nicht aus dem Steigbügel bekommt.

Empfehlenswert sind wasserdichte Schuhe. Sie werden auf nassen Wiesen laufen oder durch Matsch. Im Winter klagen die meisten Reiterinnen über kalte Füße. In dem Fall sind Neoprenreitschuhe und -stiefel eine gute Lösung. Im Sommer sind sie etwas dick, aber im Winter wasserdicht und warm. Alternativ gibt es gute Sohlen und Funktionssocken, mit denen Sie die normalen Schuhe ausstatten können.

Am Anfang geht es auch ohne spezielle Ausrüstung. Allerdings wären Schuhe, die über die Knöchel reichen und Absätze haben, besser, um ein Hängenbleiben im Steigbügel zu verhindern.

Oben ohne gibt's nicht. Der Reithelm ist unverzichtbar.

Reithelm

Islandpferdereiter sieht man meistens mit Helm. Einen Helm zu tragen hat nichts mit einem wilden, ungebärdigen oder sogar gefährlichen Pferd zu tun, das einen abwerfen könnte. Der Helm ist wichtig, weil jedes Lebewesen, das auf seinen Beinen läuft, auch einmal stolpern kann. Das ist in jeder Gangart und auf jedem Untergrund möglich, und schon liegt man neben dem Pferd. Auch aus versicherungstechnischen Gründen sollte man nicht auf den Helm verzichten.

Wie im Auto den Sicherheitsgurt sollten Sie auf dem Pferd immer einen Helm tragen, ob im Unterricht oder beim Ausreiten oder beim Training. Trugen Islandpferdereiter noch vor 15 Jahren in erster Linie Helme mit starren Seitenteilen, wurden sie in den letzten Jahren stark weiterentwickelt. Die neuen Reithelme sind nicht nur sicher, sie sind auch außerordentlich bequem, man schwitzt weniger darunter und es gibt sie in sehr schicken Designs.

Der Winteroverall: Eine wunderbare Erfindung und nicht nur auf dem Pferd bequem und warm.

Winteroverall

Islandpferdereiter sind Sommer wie Winter draußen anzutreffen, daher finden Sie viele wetterorientierte Angebote. Es gibt seit langem Winterreitoveralls. Die erste Generation verlieh einem den Charme eines Michelinmännchens. Die neuen Overalls sind multifunktional, wasser- und winddicht und halten warm. Durch die Machart des Hosenteils sitzen Sie gut im Sattel. Wer von draußen nach drinnen kommt, möchte sich nicht aus dem ganzen Overall herausschälen. Hier gibt es mittlerweile Hosenträgerlösungen. Wenn es warm wird, ziehen Sie das Oberteil aus und lassen es hängen. das Unterteil wird durch Hosenträger gehalten. Unter dem Overall genügen oft ein dünner Rolli und eine Leggins. Sie sind bequem und für Ausritte oder Winterunterricht im Freien nicht wegzudenken.

Ausrüstung des Pferdes
Sattel

Die Entwicklung des Islandpferdesattels hat in den letzten 60 Jahren rasante Schritte gemacht. Noch vor 15 Jahren war der meistgenutzte Sattel der Trachtensattel, meist mit Schweifriemen, wie man ihn aus Island kannte.

Dieser Sattel ist insgesamt sehr flach und sehr lang. Die hinten unter der Sitzfläche herausragenden »Nasen« nennt man Trachten. Sie liegen auf dem gesamten beweglichen Rücken. Durch die fehlende Form des Sattels neigte er beim Reiten dazu, immer weiter nach vorn zu rutschen und das Pferd in der Schulterbewegung zu behindern. Um das zu vermeiden, hat man den so genannten Schweifriemen am Sattel befestigt, unter der Schweifrübe des Pferdes durchgeführt und wieder befestigt.

Das funktionierte. Aber man muss sich vorstellen, dass der Sattel während des Reitens durch Reitergewicht und Bewegung ständig nach vorn rutschen wollte. Das wurde nur durch den Lederriemen unter der Schweifrübe verhindert, was vielen Pferden sehr unangenehm war. Das merkte man daran, dass diese Pferde beim Satteln die Schweifrübe sehr einzogen. Bei diesen Pferden musste man mit einem gewissen Kraftaufwand die Schweifrübe anheben, um den Riemen darunter herum zu führen. Es wird vermutet, dass man durch den Einsatz der Schweifriemen viele Pferde zu Schweinepassern gemacht hat, denn sie klemmten auch beim Reiten die Schweifrübe. Dadurch wurden sie im Körper fest und in der Beweglichkeit eingeschränkt. In der Reitersprache heißt dieser Zustand »sich im Rücken festmachen«. Mit einem festgehaltenen Rücken ist es dem Pferd nicht möglich, gelöste Gangarten schwungvoll und in freier Haltung zu gehen.

Der Zusammenhang von langem Sattel und Schweifriemen bei Gangfehlern ist hier in Deutsch-

Ein alter Sattel mit langen Trachten, zum Teil noch heute in Gebrauch. Der Schweifriemen ist bereits abmontiert.

Moderner Sattel mit kurzen Trachten und hinten hochgezogen. Der Reiter sitzt dadurch besser im Schwerpunkt.

land schnell klar geworden. In Island war das nicht so auffällig, denn dort wurden die Pferde nicht als Hobby genutzt, sondern man ritt durch unwegsames Gelände und wechselte je nach Schwierigkeit des Geländes alle ein bis zwei Stunden das Pferd. Hatte das Pferd in der Reitphase angefangen, sich im Rücken zu verspannen, war der Ritt schon wieder vorüber und das nächste Pferd wurde genommen. Sobald das Pferd nicht mehr geritten wurde, lief es frei nebenher und konnte den Rücken und mögliche beginnende Verspannungen sofort wieder lösen. Das unwegsame Gelände war wie lösende Gymnastik.

Diese Möglichkeiten haben wir hier in Deutschland nicht und dafür haben wir unsere Pferde auch nicht. Daher hat sich der Sattel seit Beginn des Islandpferdesiegeszuges extrem verändert. Man griff auf die Erfahrungen aus dem Kavallerie-, Spring- und Dressurbereich zurück und fing an, die Sättel passgenauer herzustellen. Es wurde hinterfragt, warum

auf ein so kurzes Pferd so ein langer Sattel sollte und die Trachten wurden immer weiter verkürzt. Heute haben wir einen sehr kurzen Sattel, der an die Vielseitigkeitssättel aus dem Großpferdebereich erinnert. Der Schwerpunkt liegt deutlich weiter vorne. Der Sattel liegt besser auf dem Pferd und rutscht beim Reiten nicht mehr nach vorne, sodass ein Schweifriemen überflüssig ist. Benötigt man ein Hilfsmittel, um den Sattel am Verrutschen zu hindern, passt er einfach nicht.

Trense und Gebiss

Islandpferdereiter benutzen meist das so genannte hannoversche Reithalfter. Es besteht aus einem Genickstück und einem meist separaten Sperrhalfter. Das Gebiss ist am Genickstück befestigt, die Zügel in den Ringen des Gebisses. Das Sperrhalfter wird locker verschnallt und verhindert, dass sich das Pferd durch Maulaufsperren den reiterlichen Hilfen entzieht.

Islandpferde werden auch in hochkarätigen Sportveranstaltungen meist mit einfachen Wassertrensen geritten. Es gibt einfach und doppelt gebrochene Wassertrensen, der Einfachheit halber nenne ich sie jetzt Gebisse. Ein einfach gebrochenes Gebiss besteht aus zwei Ringen und zwei Stangen. Die beiden Stangen sind beweglich miteinander verbunden. An den Enden haben sie jeweils ein Loch, durch das der Gebissring läuft. An diesen Ringen werden das Genickstück der Trense und die Zügel befestigt. Beim doppelt gebrochenen Gebiss sind die beiden Stangen in der Mitte durch ein kleines bewegliches Mittelstück verbunden, das viele Pferde anregt, aktiv zu kauen. Dies ist gewünscht, damit das Pferd sich im Genick lockert. Wer die Zähne zusammenbeißt, hat kein bewegliches Genick. Versuchen Sie es selbst.

Bei den Gebissen gibt es unterschiedliche Größen und Stärken. Zum einen ist die Breite des Pferdemaules zu beachten, zum anderen die Dicke des Gebisses. Man sagt: Je dünner das Gebiss, desto schärfer wirkt es auf das Pferdemaul und desto erfahrener und feiner muss die Reiterhand sein. Doch eine harte und unerfahrene Reiterhand, die nur an den Zügeln und damit auch am Gebiss zieht und ruckelt, ist auch bei einem dicken Gebiss für das Pferd sehr unangenehm und kann sogar zu schlimmen Verletzungen führen. Das Gebiss muss passen und Sie müssen lernen, mit Ihren Händen umzugehen.

Eine Islandkandare ist eine besondere Art Gebiss, das mit Seitenzügen beziehungsweise Hebeln ausgestattet ist und auf gar keinen Fall in Ihre Hände gehört. Sie sind noch Anfänger und würden Ihrem Pferd damit Schaden zufügen. Jede Kandare gehört in die Hände von erfahrenen Reitern, denen sie eine besonders feine Einwirkung ermöglicht. Die wenigsten Islandpferde werden mit Kandare geritten. Selbst auf Weltmeisterschaften sieht man mehr Wassertrensen als Kandaren.

Mit einem Islandpferd auf Augenhöhe trense ich für Mensch und Pferd bequem auf.

Beschlag

Der Hufbeschlag beim Islandpferd ist für einen Schmied eine besondere Frage. In früheren Zeiten trieb der Wunsch nach hochweiten Bewegungen in Sportprüfungen seltsame Blüten. Bei Turnieren wurden unter jeden Huf einfach mehrere Hufeisen untereinander geschlagen. Für eine andere Prüfung wurde umbeschlagen, ein Eisen wurde abgenommen oder ein weiteres kam dazu. Diese Praktiken wurden recht schnell als tierquälerisch abgeschafft. In der Islandpferdeprüfungsordnung (IPO) ist heute genau festgelegt, wie groß/dick das Hufeisen sein darf und wie viel zusätzliches Gewicht über Boots oder Glocken angelegt werden darf. Früher hat man

Heißbeschlag: Das Eisen wird erhitzt und in Form gebracht. Die angeschmiedete Rundung hilft dem Pferd beim Abhufen.

Das Eisen wird heiß aufgebracht und dann mit Hufnägeln fixiert.

sehr häufig versucht, über spezielle Beschlagarten die Gangqualität zu beeinflussen, nach dem gleichen Prinzip wie wir unterschiedlich gehen, wenn wir Absatz- oder Wanderschuhe tragen. Diese Art, über den Beschlag den Gang zu verändern hat teilweise vergessen lassen, dass noch sehr viel mehr zum Reiten gehört als nur der Beschlag. Dazu ein Zitat von Islandpferdeexperte Bruno Podlech: »Wenn es mit dem Beschlag nicht mehr geht, muss man wieder reiten.«

Islandpferde werden meist beschlagen geritten. Schon die Bodenbeschaffenheit erfordert im Regelfall einen Beschlag. Reitet man viel auf Sandboden oder Asphalt oder arbeitet in der Ovalbahn, könnten die Hufe bereits nach 20 Minuten Tölt so abgeschmirgelt sein, dass das Islandpferd nicht mehr

schmerzfrei laufen kann. Auch Hufeisen kann man dann nicht mehr aufnageln.

Wenn man die Möglichkeit hat und das Pferd Urlaub bekommt oder bei längeren Krankheiten empfiehlt sich, eine, besser zwei Beschlagperioden aussetzen. Der Huf bekommt dann die Gelegenheit, sich zu erholen.

In Island werden die Pferde sehr oft kalt beschlagen, d. h. das Eisen wird nicht erhitzt und angepasst. Es wird in seiner ursprünglichen Form auf den Huf kalt aufgenagelt. Das liegt zum einen daran, dass isländische Bauern häufig eine große Herde haben. Hier spielt die Dauer eines Heißbeschlages eine Rolle. Zum anderen ist ein Heißbeschlag auf längeren Reittouren nicht möglich, weil man die Gerätschaften nicht mitnehmen könnte.

Frisch beschlagener Huf. Deutlich zu sehen ist die Trennlinie zwischen Eisen und Huf.

Als Laie sollte man sich Huf und Eisen direkt nach dem Beschlag ansehen. Der Huf wurde so gekürzt, dass eine deutlich sichtbare Trennung zwischen beidem zu sehen ist. Wenn man sich nach einigen Wochen diese Trennung ansieht, wird man deutlich sehen, wie stark der Huf gewachsen ist oder auch wie dünn das Eisen geworden ist. Die Dicke des Eisens ist abhängig davon, wie oft und auf welchem Untergrund man geritten ist. Wenige Wochen später kann es sogar sein, dass der Huf begonnen hat, über das Eisen zu wachsen. Spätestens dann sollte der Schmied kommen.

Wenn ein Eisen locker ist, klingelt es im Schritt. In dem Fall sollte der Hufschmied direkt nachnageln oder neu beschlagen. Wenn ein Eisen verloren wurde, darf auf keinen Fall mehr geritten werden und der Schmied muss ebenfalls kurzfristig kommen. Auch wenn der Huf sehr stark gewachsen ist oder beginnt sich zu verformen, sollte man fragen oder den Schmied bestellen.

Hilfsmittel

Um Taktfehler im Tölt zu verändern oder dem Pferd den Tölt zu erleichtern, gibt es verschiedene Hilfsmittel. Meist werden die Vorderhufe mit Gewichten versehen. Das zusätzliche Gewicht veranlasst das Pferd, die beschwerten Hufe etwas höher zu heben und der Pass wird gebrochen. Bei den selteneren Taktverschiebungen zum Trab kommt das Gewicht eher an die Hinterbeine.

Häufig werden als Gewichtshilfen Glocken genutzt. Es gibt sie aus Gummi und aus Neopren. Sie können vollständig geschlossen wie ein Ring sein. Dann werden sie über den Huf gestülpt. Es gibt sie auch mit Klettverschluss. Damit sind sie wesentlich einfacher anzulegen.

Ebenso häufig genutzt werden Ballenboots. Sie sitzen meist besser als Glocken und scheuern nicht in der Fesselbeuge. Ballenboots sind an die Hufform

Wie oft muss ein Islandpferd beschlagen werden?

Wie oft ein Islandpferd beschlagen wird, hängt ganz von der Jahreszeit und der Fütterung ab. Je nachdem, wie stark der Stoffwechsel arbeitet, wächst auch das Hufhorn. Man kann das mit dem Wachsen unserer Fingernägel vergleichen, das ja ebenfalls mal schneller, mal langsamer geschieht. Ein neuer Beschlag ist im Regelfall nach acht bis zehn Wochen erforderlich. Je nach Jahreszeit und Fütterung kann es etwas früher, aber auch später sein.

Zu Beginn führen Sie am besten ein Tagebuch und orientieren sich am Mindestabstand. Wenn Sie sich nicht sicher sind, fragen Sie Ihren Schmied oder Ihren Trainer. Mit der Zeit entwickeln Sie selbst einen Blick dafür, ob ein neuer Beschlag nötig ist oder nicht.

Weit verbreitet sind Ballenboots, wie sie dieser Schecke trägt.

angepasste, aus Kunststoff gegossene Teile, die mit einer Art Gürtel um den Huf befestigt werden. Es gibt sie aus Leder und Kunststoff.

Heutzutage sieht man in allen Bereichen, leider auch im Freizeitbereich, häufig Boots oder Glocken. Beides sind Hilfsmittel, die wie alle Hilfsmittel immer nur kurzfristig eingesetzt werden sollten, um die Besserung/Veränderung eines Zustandes zu erreichen. Hilfsmittel sollten nie dauerhaft eingesetzt werden. Zu einem schönen Ausritt Gewichte anzulegen ist, als würde der Mensch sich zum Spazierengehen eine Tüte Kartoffeln in jeder Hand mitnehmen.

Neueinsteiger sollten diese Hilfsmittel nicht einsetzen. Das zusätzliche Gewicht auf der Vorhand muss, um eine Hilfe zu sein, durch ein vermehrtes Untertreten der Hinterhand aufgefangen werden. Nur auf diese Art kommt es zum gewünschten Erfolg. Andernfalls wird der Schweinepass (Passtölt) ausgeprägter als vorher.

Sonstige Ausrüstung
Abschwitzdecke

Islandpferde frieren nur selten. Auch nach dem Reiten ist eine Abschwitzdecke nur in Ausnahmefällen nötig. Besser ist es, dem Pferd nach dem Ritt die Möglichkeit zu geben, sich zu wälzen. Das löst zum einen Verspannungen; zum anderen reibt das Pferd sich den Sand durch das Hin- und Herwälzen in das Fell und er vermischt sich mit dem Schweiß. Wenn das Pferd wieder steht, schüttelt es sich und der feuchte Sand fällt hinaus. Der Sand, der noch im Fell ist, saugt die letzten Reste ab und fällt hinunter, wenn er zu schwer wird oder sich das Pferd wieder schüttelt.

Wälzen hat einige Vorteile. Sich wälzen zu dürfen statt unter einer Abschwitzdecke zu stehen, erhält die natürliche Immunität. Auch das Pferdeverhalten bleibt natürlich. Eine Abschwitzdecke sollten Sie nur nehmen, wenn Sie bei großer Kälte und Wind oder bei Regen und Wind geritten sind und das Pferd stark geschwitzt hat. Wenn Sie Ihren Isi nach dem Reiten füttern, genügt die Decke meist für die Dauer des Fressens, wenn es sich im Anschluss wälzen kann. Sonst sollten Sie einfach noch einen Kaffee trinken gehen und die Decke danach abnehmen.

Regendecke

Das Fell ist Sommer wie Winter ein Wunder der Natur. Bei Regen wird nur das Oberfell nass. Durch verschiedene Haarwirbel, die alle Pferde haben, wird das Wasser an den besonders sensiblen Stellen

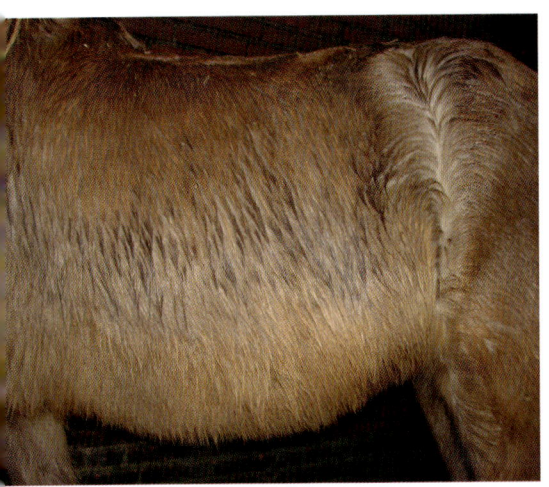

Durch Regen oder Schnee verkleben die Deckhaare an den Enden und bilden ein natürliches Dach, die Haut bleibt trocken. Fellwirbel unterstützen an den empfindlichen Stellen.

kanalisiert und in eine andere Richtung geleitet. Die Deckhaare kleben zusammen und bilden am ganzen Körper kleine Dreiecke, die wie Dachziegel wirken. Der Regen trifft auf, rinnt an dem Dreieck hinunter und tropft ab. Auf diese Weise bleiben das Unterfell und die Haut immer trocken. Das gleiche passiert auch, wenn Schnee fällt. Der Schnee fällt auf das Fell. Die ersten Flocken tauen und feuchten die Haare an. Getauter Schnee tropft von den Spitzen ab. Wenn der Schnee in dicken Flocken fällt, bleibt er bald auf den Pferden liegen. Durch die Luftschicht, die sie zwischen Haut und Oberfell haben, frieren sie nicht. Regendecken hemmen diesen Mechanismus und das Immunsystem wird auf Dauer geschwächt.

Fliegenschutz: Spray oder Fliegendecke

Juni und August ist Bremsenzeit. Wenn Sie eher im Flachland leben und dort viel Ackerbau betrieben wird, könnten Sie von Bremsen umschwärmt werden. Ein Ausritt wird dann für alle Beteiligten zur Qual. Dem können Sie auf mehrere Arten entgehen. Die schönste, aber für die meisten Menschen auch die schwierigste ist, morgens um sechs Uhr loszureiten und auf jeden Fall vor halb neun wieder zurück zu sein. In diesem Zeitfenster kann man meistens reiten, ohne von Bremsen angegriffen zu werden. Aber pünktlich ab circa halb neun kommen sie von überall. Entspanntes Reiten ist dann nicht mehr möglich.

Natürlich könnten Sie mit Ihrem Pferd umziehen, an die Nordsee oder in die Berge. Oder Sie finden in der Umgebung einen Hof, bei dem die Bremsen nicht so zahlreich auftreten. Doch das können natürlich nur die wenigsten, deswegen müssen sie auf Hilfsmittel zugreifen. Es gibt die verschiedensten Schutzmittel in allen Preisklassen. Viele wirken, meist aber nicht lange genug für einen schönen längeren Ausritt. Ein anderer Nachteil bei einigen Bremsenmitteln ist der Geruch. Wer möchte schon auf einem Pferd sitzen, von dem bei jedem Schritt eine Wolke chemischer Düfte aufsteigt.

Eine weitere Methode ist die Fliegendecke. Sie ist sicher keine Zierde für unser Pferd. Es wird versteckt und man kommt sich fast vor wie zu Ritterszeiten, aber es funktioniert. Die Fliegendecke gibt es mit und ohne Halsteil. Ich persönlich bevorzuge die Decke mit Halsteil, denn die Pferdebremsen gehen zuerst an den Hals. Dort schwitzen die Pferde zuerst und das lockt die Bremsen an. Eine Fliegendecke ist eigentlich ein großes, feinmaschiges Netz. Eine Bremse kann sich problemlos auf das Pferd setzen, und sie könnte auch durch die Löcher stechen, doch durch die Bewegungen des Pferdes ist immer auch ein wenig Bewegung im Material. Die Bremse kann sich so nicht festsaugen.

4

Haltung und Gesundheit

4. Haltung und Gesundheit

Leben in der Herde

Islandpferde sind wie Pferde aller Rassen Herden-, Lauf- und Fluchttiere. Um ihre körperliche und seelische Gesundheit zu erhalten, muss man ihnen ein Leben ermöglichen, das ihren natürlichen Anlagen entspricht. Ein Pferd bewegt sich in freier Natur bis zu 20 Stunden am Tag, meist im Schritt auf Futtersuche. Außerdem sind Pferde sehr sozial. Sie leben in einem festen Verbund und brauchen auch den körperlichen Kontakt zu ihren Artgenossen. Sie spielen miteinander, betreiben Fellpflege und passen aufeinander auf. Es gibt eine feste Rangordnung. In freier Wildbahn besteht eine Herde aus Stuten, Junghengsten und einem Leithengst.

Innerhalb der Herde hat die Leitstute das Sagen. Sie entscheidet, wer wann fressen darf. Wenn sich ein Mitglied ihrer Herde nicht korrekt benommen hat, schließt sie es aus dem Herdenverbund aus. Je nach Charakter der Stute mag es sein, dass sich ihre Dominanz nur durch ein drohendes Lippenkräuseln äußert. Das angesprochene Pferd erkennt diese leisen Signale sehr gut und deutet sie auch richtig. Es kann aber auch sehr brutal und direkt erfolgen, indem die Stute das andere Pferd wie eine Lokomotive mit voller Wucht angreift.

Für das Pferd, das gerade von der Herde ausgeschlossen wurde, ist das eine wirklich bedrohliche Situation. Allein kann es nicht schlafen, weil es nach Gefahrenquellen Ausschau halten muss. Aus demselben Grund kann es nicht entspannt fressen. Es muss immer aufpassen, ob eventuell Gefahr droht. Deswegen ist es in freier Wildbahn für ein Pferd überlebenswichtig, im Herdenverband zu leben. Um wieder zurück in die Herde zu dürfen, muss es um Erlaubnis fragen. Es läuft demütig mit gesenktem Kopf und zur Herde spielendem Ohr an einer für uns

Das Gras hat sich nur versteckt. Auch unter Schnee gibt es was zu fressen.

Körperpflege und Pflege der Sozialbedürfnisse.

Haltung

Islandpferde werden in Deutschland meistens robust gehalten. Das heißt, dass man sie so artgerecht leben lässt, wie das in unseren Regionen möglich ist. Sie leben in Gruppen im Offenstall. Die Pferde können selbständig entscheiden, wo sie sich aufhalten, ob unter Dach in einem frei begehbaren Stall oder auf einer vorgelagerten freien, meist nicht befestigten Fläche. Egal ob Wind, Regen oder Hagel, selbst beim schlechtesten Wetter finden Sie ein Islandpferd meistens draußen. Nur im Sommer, wenn die Sonne brennt und es richtig heiß ist, sucht es Schutz unter Dach.

Spaziergänger bekommen manchmal einen Schrecken, wenn sie an so einer Herde vorbei gehen. Die Pferde sehen unter Umständen völlig verdreckt und verschlammt aus. Sie lassen die Köpfe hängen und wirken ein wenig apathisch und depressiv. Das müssen keine Indizien für schlechte Haltung sein. Wenn die Tiere wohlgenährt und gesund aussehen und die Hufe in einem guten Zustand sind, signalisieren die hängenden Köpfe Entspannung und Wohlbefinden.

Kaltes, windiges Wetter macht Islandpferden nichts aus. Sie stehen gemeinsam als Paar oder in kleinen Gruppen dicht aneinander gedrängt und drehen ihr Hinterteil in den Wind. Der Schweif eines Islandpferdes hat in den Jahrtausenden eine ganz besondere Entwicklung genommen. Wer genauer hinsieht, mag denken, dass der Besitzer den Schweif frisiert hat, weil die Haare wasserfallartig nach unten immer länger werden. Dies ist eine Entwicklung der Natur. Das Islandpferd dreht sein Hinterteil in den Wind und hält die Schweifrübe unten. Der Wind drückt dagegen, die kürzeren Haare stellen sich auf, die längeren bleiben unten. Es sieht fast aus wie eine Blüte. Die langen Haare werden durch die Hinterbeine gedrückt und schützen den empfindli-

nicht sichtbaren Grenze. Oft leckt es sich auch die Lippen. Die Leitstute entscheidet, ab wann es wieder in die Herde darf, und äußert das über kleinste körperliche Zeichen.

Der Leithengst hütet die Herde von außen. Er patrouilliert um die Herde herum. Sobald er eine Gefahrenquelle oder einen Konkurrenten entdeckt, warnt er die Herde oder verteidigt sie. Die Leitstute treibt die Herde von der Gefahr weg oder wartet mit ihr ab, wie sich das Hengstduell entscheidet. Manchmal lockt der neue Hengst und eine oder mehrere Stuten verlassen die Herde und gehen mit ihm.

Ausnahmen bestätigen die Regel: Die meisten Isis suchen den Schatten; dieser Wallach genießt sein Schläfchen in der Sonne.

Deutlich sind die oben kürzeren Schweifhaare zu sehen.

chen After und bei Stuten auch die Scheide gegen Regen, Eis oder feuchten Sand.

Ein Islandpferd, das so artgerecht wie möglich gehalten wird, ist psychisch stabil. Als Besitzer kann man auch mal sechs Wochen in Kur fahren – wenn man wiederkommt, ist das Pferd immer noch ausgeglichen und cool. Es hatte ja Bewegung, Kontakt mit seinen Artgenossen und hat die Abwesenheit wohl selbst eher als Kur empfunden. Nach so einer langen Pause das Pferd zu satteln und einen entspannten Ausritt ins Gelände zu machen ist kein Problem.

Fütterung – gar nicht so einfach

Weidegang

Im Frühling ist es ganz besonders wichtig, dass Ihr Islandpferd sehr sanft und vorsichtig angeweidet wird. Zu Beginn der Weidesaison und je nach

Qualität der Wiese kann dies zunächst nur eine Viertelstunde sein. Sie können alle ein bis zwei Tage um einige Minuten verlängern. Wenn Sie Ihr Pferd sofort für vier oder fünf Stunden auf Maiwiesen stellen, wird es mit großer Sicherheit krank. Im besten Fall bekommt es nur Durchfall, schlimmstenfalls aber Kolik oder Hufrehe.

Weil Islandpferde vermutlich davon ausgehen, dass gleich wieder Winter ist, hören sie nicht auf zu fressen. Deswegen beträgt der maximale tägliche Weidegang je nach Weidequalität und Jahreszeit höchstens einen halben Tag. Wenn Sie Schulpferde reiten oder Ihr eigenes Pferd untergestellt haben, können Sie nicht viel einwirken und müssen sich auf andere verlassen. Trotzdem dürfen Sie die Verantwortung nie ganz abgeben. Sehen Sie hin. Schauen Sie sich an, wie die Weiden gepflegt werden und versuchen Sie unter Umständen auszugleichen.

Es ist okay, wenn Sie das eine oder andere Nahrungsergänzungsmittel dazufüttern. Aber auch hier gilt: Zuviel ist zuviel. Alles, was Ihr Pferd zusätzlich bekommt und nicht benötigt, muss es verarbeiten und ausscheiden. Sie können Ihr Pferd damit regelrecht vergiften. Es benötigt zu viel Kraft, um den Überschuss zu verarbeiten und das Gegenteil Ihrer Absicht tritt ein: Ihr Pferd verliert Leistung.

Für Islandpferde ist es, wie für alle anderen Pferde auch, sehr wichtig, dass sie in natürlicher Körperhaltung fressen. Durch das Senken des Kopfes fällt gemäß der Schwerkraft der Unterkiefer nach unten. Beim Kauen mahlen die Pferde gleichmäßig auf den Kauleisten und pflegen auf diese Weise die Zähne. Trinken oder fressen sie durch Tränken oder Raufen, die erhöht angebracht sind, gibt es sehr schnell Zahnprobleme. Die Kauleisten reiben nicht mehr vollständig aneinander und die hinteren Zähne mahlen nicht mehr übereinander. Die hinteren Backenzähne bleiben länger als die anderen Zähne.

Auf dieser Weide gibt es nicht mehr viel zu holen.

Giftpflanzen

Zum Weidemanagement gehört zwingend, dass Sie die Weide regelmäßig nach Giftpflanzen absuchen. Besonders gefährlich und verbreitet ist das Jakobskreuzkraut. Es vermehrt sich bei uns mittlerweile nahezu ungebremst und ist für Pferde in kleinsten Mengen langfristig tödlich. Wenn Sie eine Pflanze auf der Weide oder auch bei sich im Garten entdecken, ziehen Sie Handschuhe an, ziehen die Pflanze samt Wurzel vorsichtig aus dem Boden, stecken sie in eine Tüte, damit keine Samen wegfliegen und werfen sie in den Restmüll. Den Boden sollten Sie vorher auflockern, damit die Wurzel vollständig mit herausgezogen werden kann. Handschuhe sind wichtig, damit Sie das Gift nichts selbst über die Haut aufnehmen. Auch für den Menschen ist es gefährlich. Die Pflanzen müssen über den Restmüll verbrannt werden. Würden sie kompostiert, würden sie sich vermehren.

Wichtig!

In freier Wildbahn beschäftigen die Pferde sich bis zu 20 Stunden am Tag mit Nahrungssuche. Das muss man bei der Fütterung berücksichtigen. Und durch möglichst artgerechte Haltung das Bedürfnis nach Bewegung befriedigen.

In normaler Kopfhaltung hat das Pferd keinen gleichmäßigen Druck mehr auf den Zähnen und es können Schmerzen und Entzündungen entstehen. Deswegen ist es wichtig, die Pferde so oft wie möglich in ihrer natürlich Haltung fressen zu lassen. Zusätzlich lassen Sie einmal im Jahr die Zähne kontrollieren.

Zusätzlich unterstützen Sie Ihr Pferd durch diese Art zu fressen in seiner natürlichen Körperhaltung. Wird das Futter über Heunetze oder Futterraufen angeboten, muss das Pferd den Kopf anheben. Je höher das Futter hängt, desto stärker fällt es in den Senkrücken. Bieten Sie das Futter am Boden an, wird der Kopf tief gesenkt, das Nackenrückenband gedehnt und der Rücken muss sich aufwölben. Ihr Pferd wird durch die natürliche Art des Fressens gymnastiziert. Leichter geht es nicht.

Futter

Islandpferde fressen immer, als käme gleich der nächste Winter. Deswegen ist es wichtig, mit Verstand und Wissen zu füttern, wenn Sie kein überdimensioniertes Meerschweinchen haben wollen.

Die Futterarten werden unterteilt in Rau-, Saft-, Kraft- und Zusatzfutter. Saftfutter hat, wie der Name schon sagt, einen hohen Feuchtanteil. Dazu gehören Weidegras, Silage, Äpfel oder Möhren.

Raufutter deckt den hohen Bedarf an Rohfasern ab und ist wichtig für die Darmflora im Dickdarm.

Wenn Pferde zu große Mengen auf einmal fressen, droht eine Kolik. Wichtig ist, dass sie über einen längeren Zeitraum fressen können, möglichst öfter am Tag, denn der Verdauungsapparat ist auf kleine Mengen eingerichtet. Die Ration an Raufutter sollte am Abend am größten sein, da die Pferde abends genug Zeit haben, um ungestört zu fressen und zu verdauen.

Es gibt verschiedene Arten von Raufutter, die die Grundlage der Fütterung bilden. Bei trockener Wetterlage und entsprechender Länge wird die Weide gemäht. Lässt man das Gras zwei bis drei Tage zum Trocknen liegen und wickelt es dann mit Hilfe von Maschinen in Folie, ist es Silage. Lässt man es ein bis zwei Tage länger trocknen und wickelt es dann in Folie, ist es Heulage. Beides hat, im Vergleich zu Heu, einen relativ großen Feuchtigkeitsgehalt. Lässt man es vollständig trocknen, ist es Heu. Getrocknete Getreidehalme sind Stroh.

Kraftfutter kann man grob mit Körnerfutter übersetzen. Die meisten Fachleute lehnen Hafer bei Islandpferden ab. Der Satz »den sticht der Hafer« birgt viel Wahres. Ein Pferd, das Hafer bekommt, aber nicht intensiv gearbeitet wird, baut viel ungenutzte Energie auf und ist recht schnell kaum händelbar.

Islandpferde im Freizeitbereich benötigen normalerweise kein Kraftfutter, in Maßen können Sie es aber geben. Nach dem Reiten können Sie ein wenig Müsli mit Apfel oder Möhren füttern. In dem Fall sollten Sie ein wenig Öl und Apfelessig dazugeben. So fällt den Islandpferden die Aufnahme der Vitamine leichter.

Zusatzfutter sind Kräuter, Mineralfutter, Leinsamenöl, Vitaminmischungen, Rübenschnitzel und anderes. Bevor die Ergänzungsfuttermittel auch in Island auf den Markt kamen und erschwinglich wurden, fehlten den Islandpferden oft bestimmte Mineralien. Deswegen stellten isländische Bauern

Zufriedene Pferde, die Zeit und Muße haben, ihr Raufutter zu fressen. So sollte es sein.

auf den Weiden Tonnen mit Fischköpfen und ähnlichem auf und die Pferde fraßen nach Bedarf.

Menge und Art des Futters sind abhängig von Alter, Körpergewicht, Haltungsform, Futterverwertung und der Arbeit, die das Pferd zu leisten hat. Ein durchschnittliches Islandpferd benötigt bei leichter Arbeit circa fünf bis sechs Kilogramm Heu oder Silage; fressen würde es mehr. Dazu kommt Stroh. Weil durch den Wassergehalt der Silage das Gewicht stark schwankt, kann hier keine Menge angegeben werden. Bei der Gabe von Kraft- oder Zusatzfutter sollten Sie sich nach den besonderen Belastungen richten, denen Ihr Pferd ausgesetzt ist.

Leckerlis

Leckerlis sind etwas Herrliches. Man kann sie selbst machen oder in allen Varianten kaufen – sogar mit Lakritzgeschmack. Das Pferd kommt gerne und der Mensch ist gerührt. Und es ist auch legitim, ein Pferd mit einem Leckerli zu belohnen.
Allerdings sollte man es mit der Leckerligabe nicht übertreiben. Pferde sind sehr kluge Tiere, die schnell

lernen, was es bedeutet, wenn ein Mensch in die Jackentasche greift. Sie versuchen den Menschen zu motivieren, in diese Tasche zu greifen, indem sie mal anstupsen oder schnuppern. Funktioniert diese Handlung, haben sie ihren Menschen konditioniert. Einmal anstupsen genügt, und das Leckerchen kommt raus. Natürlich versuchen sie diesen Trick auch bei anderen Menschen, je nach Charakter des Pferdes oder der vorherigen Freigiebigkeit des Menschen auch sehr nachdrücklich. Wenn dann nicht die gewünschte Reaktion erfolgt, können manche Pferde recht rabiat werden und auch schnappen. Wenn Sie nicht wie ein Futterautomat behandelt werden wollen, geben Sie Leckerlis in Maßen und bewusst. Verlangen Sie von dem Pferd eine gewisse Höflichkeit und lassen Sie sich nicht drängen.

Trinken

Im Rahmen der Fütterung ist das Trinken ebenfalls ein Thema. Je nach Witterung und individuellem Bedarf trinkt ein Islandpferd zwischen zehn und 40 Liter Wasser täglich. Das Wasser ist lebensnotwendig, es sorgt für die Funktion des Stoffwechsels, des Darms und die Regulation des Wärmehaushaltes. Deswegen ist es besonders wichtig, Wasserbehälter regelmäßig zu kontrollieren und zu reinigen, ebenso die Selbsttränken. Auch wenn Sie Ihr Pferd auf einem Hof stehen haben, ist es nur ein kurzer Moment Ihrer Zeit.
Viele Pferde trinken lieber aus Eimern oder Wannen, die am Boden stehen, als aus hoch angebrachten Selbsttränken. Das entspricht auch der natürlichen Trinkposition. Haben sie die Wahl zwischen Selbsttränke oder Eimer, wählen die meisten den Eimer.

Pflege

Islandpferde bilden ein Sommer- und ein Winterfell aus. Im Sommer haben sie kurzes glänzendes Fell,

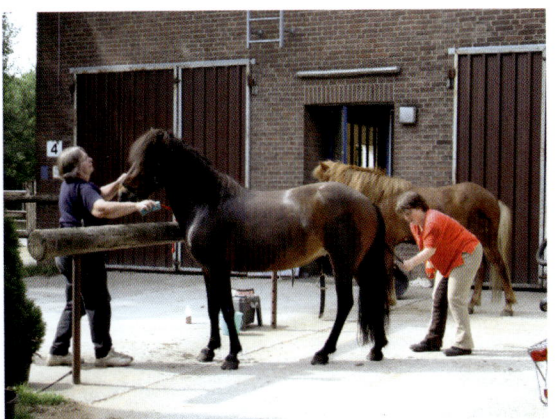

Die Stute Reykja wird für die Jungpferdeprüfung schick gemacht.

das eigentlich wenig Pflege braucht. In ihrer Heimat werden die Isis als Gebrauchspferde vor dem Reiten oft »isländisch« geputzt: Man geht mit einer Bürste oder auch nur mit der flachen Hand kurz über die Sattellage und entfernt so den gröbsten Staub – fertig. Bei uns werden die Pferde gründlich am ganzen Körper gestriegelt und gebürstet. Für das Pferd ist dies angenehm und eine zusätzliche Massage. Außerdem sieht man auch kleinere Verletzungen oder fühlt, wenn ein Bein warm ist oder ähnliches. Wenn Sie das Pferd gut kennen, können Sie auch eine Verhaltensänderung bereits beim Putzen feststellen. Schopf, Mähne und Schweif werden ebenfalls gebürstet. Viele Reiter waschen ihr Pferd gern mit Shampoo. Dies ist aber nicht erforderlich.

Verlesen

Mähne und Schweif kann man auch verlesen, ohne sie vorher zu waschen. Beim Verlesen nimmt man eine Strähne des Schweifes sehr weit oben an der Schweifrübe in eine Hand und zieht mit der anderen Hand ein Haar nach dem anderen aus der Strähne. Ist die erste Strähne fertig, nimmt man die

nächste, so lange, bis man jedes Haar einmal in der Hand hatte. Im Anschluss kann man den Schweif einmal durchbürsten. Dadurch, dass nun jedes Haar einzeln liegt und von einem winzigen Luftpolster umgeben ist, wirkt der Schweif beziehungsweise die Mähne doppelt so dick wie vorher. Das sieht bei einem typischen dicken und langen Isi-Schweif spektakulär aus. Kein käufliches Mittel schafft denselben Effekt.

Winterfell

Ab Ende August, manchmal sogar eher, wird die Unterwolle ausgetrieben, das Islandpferd bekommt sein Winterfell. Je nach Typ kann die Unterwolle sehr lang sein. Auf diese Weise schützt die Natur die Pferde vor der winterlichen Kälte und Nässe. Die Pferde sehen im Winter völlig anders aus als im Sommer. Der Fellwechsel ist eine große Belastung für das Pferd. Der Stoffwechsel muss hart arbeiten, um die zusätzliche Arbeit zu bewältigen.

Oft verändert sich im Fellwechsel die Farbe des Felles und wirkt durch die Farbe der Unterwolle manchmal dunkler, manchmal heller. Bei manchen Pferden zeigen sich diese Unterschiede sehr deutlich. Sie werden Farbwechsler genannt. Bei ihnen ist die Unterwolle weiß. Wenn sie im Spätsommer oder Herbst ihr Winterfell bekommen, wächst das weiße Wollhaar über die normalen Deckhaare. Ist der Fellwechsel abgeschlossen, sehen die Pferde fast wie Schimmel aus. Mähne und Schweif bleiben aber in der ursprünglichen Farbe. Weil sich an Beinen und Kopf keine Wollhaare befinden, bleiben diese ebenfalls in der normalen Fellfarbe. Im nächsten Fellwechsel verlieren die Farbwechsler die weißen Wollhaare und zeigen wieder ihre normale, deutlich dunklere Fellfarbe. Mit zwei Farbwechslern sollte man übrigens nicht züchten, denn die meisten Fohlen sind nicht lebensfähig.

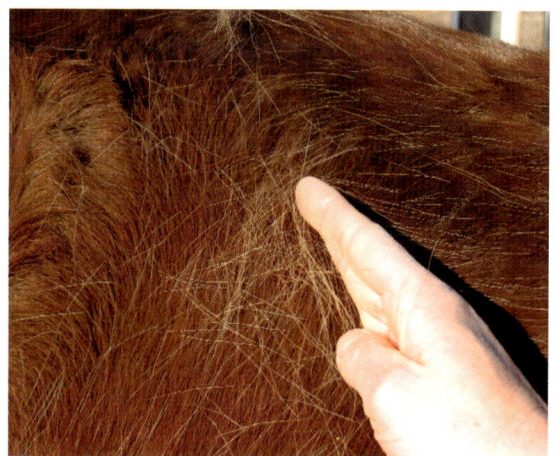

Wenn der Fellwechsel beginnt, genügt es, mit der flachen Hand über das Fell zu gehen. Die Wollhaare lösen sich sofort. Jetzt muss regelmäßig gebürstet werden.

Scheren

Wenn die Außentemperatur 15 Grad beträgt und unser Isländer bereits sein Winterfell ausgebildet hat, steht er draußen und schwitzt am ganzen Körper. Jetzt zu reiten ist möglich, aber eine zusätzliche Belastung. Hilfe kann eine Teilschur im August oder September schaffen. Man sollte so früh scheren, damit das Fell bei Kälteeinbruch so weit nachgewachsen ist, dass das Pferd nicht friert.

Hufe auskratzen

Hufe müssen ausgekratzt werden, damit sich kein Stein festsetzt und eine Lahmheit oder ein Hufgeschwür auslöst. Wenn wir ein Steinchen im Schuh haben, beeinflusst das unser Gangbild extrem. Deswegen bleiben wir stehen und holen es heraus. Prüfen Sie also bevor Sie losreiten und nach dem Ritt, dass sich bei Ihrem Pferd kein »Steinchen im Schuh« befindet.

Gesundheit

Islandpferde sind eigentlich sehr gesunde, widerstandsfähige Pferde. Die Robusthaltung tut ihr Übriges, um sie an Körper, Geist und Seele gesund zu erhalten. Allerdings haben Islandpferde häufiger als in Boxen gehaltene Pferde kleinere Verletzungen, die durch das Zusammenleben entstehen. Im Regelfall sind es kleine oberflächliche Blessuren. Besser, Sie leben mit diesen Schrammen, als dass Sie Ihr Isi in Einzel- oder sogar Boxenhaltung zwingen. Dort verlieren sie auf Dauer das, was wir an ihnen schätzen und verkümmern seelisch.
Sie verlieren durch Einzelhaft und fehlende Bewegung auf Dauer das, was wir an ihnen schätzen. Sie verkümmern seelisch oder werden zu Rebellen.

Wenn möglich gönnen Sie Ihrem Pferd 3–4 Wochen Urlaub im Jahr. Gehen Sie nicht hin. Besuchen Sie es nicht, auch nicht für ein Leckerli. Stellen Sie sich vor, Sie machen Urlaub auf Hawaii. Sie liegen im Bett mit Blick auf das Meer. Es klopft und herein kommt Ihr Chef mit dem Satz: »Ich wollte nur mal schauen, ob Sie sich gut erholen.« Wie würde Ihnen das gefallen? Also: Urlaub ist Urlaub. Sie werden überrascht sein, wie toll sich Ihr Pferd anschließend reiten lässt.

Wenn Ihr Pferd immer wieder verletzt wird, muss man überlegen, ob es in diese Gruppe passt oder in eine andere Herde sollte. Es gibt Pferde, die sich einfach nicht leiden können. Man kann sie nicht harmonisch gemeinsam halten.

Recht häufig tritt bei Isländern leider das Sommerekzem auf, eine Allergie gegen den Speichel der Kriebelmücke. Ist Ihr Pferd allergisch, ist ein Ausbruch kaum zu verhindern (siehe Sommerekzem, Seite 47).

Regelmäßige Vorsorge
Wurmkur
Einmal im Quartal sollte Ihr Pferd eine Wurmkur bekommen. Es gibt je Quartal eine andere mit anderen Wirkstoffen, beispielsweise gegen Dasselfliegen oder Bandwürmer. Wenn Sie es bei einem Hof eingestellt haben, stimmen Sie sich mit dem Hofbetreiber ab. Die meisten entwurmen alle Pferde zeitgleich.

Parasiten können einem Pferd sehr zusetzen. Wenn Ihr Pferd abmagert, wenn es immer müde ist, das Fell stumpf wird, könnte es sein, dass Ihr Pferd Würmer hat. In diesem Fall können Sie ein Wurmmittel geben. Sie können aber auch eine Kotprobe bei Ihrem Tierarzt mikroskopisch untersuchen lassen. Falls er diese Untersuchung nicht durchführen kann, kann er Ihnen ein Labor oder Landesuntersuchungsamt in Ihrer Gegend nennen. Die Untersuchung kostet nur wenige Euro und Sie verabreichen nicht unnötig ein Medikament, das möglicherweise nicht hilft.

Impfung
Jedes Pferd sollte gegen Tetanus geimpft sein – Sie als Reiter ebenfalls! Überprüfen Sie am besten Ihren eigenen Impfausweis. Wenn Sie Ihr Pferd impfen lassen, geben Sie ihm anschließend zwei bis drei Tage Ruhe. Eine Impfung ist immer sehr anstrengend für den Organismus.

Dann gibt es noch die Influenzaimpfung. Influenza ist für gesunde Pferde eigentlich eine ungefährliche Erkrankung, die sich durch Husten und Fieber äußert. Freizeitreiter, die nie auf einem Turnier starten möchten, müssen ihr Pferd nicht impfen lassen. Die Influenza-Impfung führt meist nur zu Komplikationen, wenn Sie dem Pferd zu wenig Zeit zur Erholung geben.

Der Herpesvirus wird für Fehlgeburten bei den Stuten verantwortlich gemacht. Züchter impfen

Klare Augen und ein wacher Blick sind das Erste, auf das Sie beim Gesundheitscheck achten sollten.

ihre Stuten vorsorglich. Ein Impfschutz ist nicht sicher nachgewiesen. Der Virus ist außerdem hoch ansteckend.

Wenn Sie ein eigenes Pferd in einem Pensionsstall stehen haben, wird im Regelfall von dort vorgegeben, welche Impfungen die Pferde bekommen sollen. Falls Sie auf Turnieren reiten möchten, müssen Sie Ihr Pferd gegen Tetanus und Influenza impfen lassen. Wollen Sie nur ausreiten und haben Sie Ihr Pferd bei sich am Haus, müssen Sie sich selbst überlegen, was Sie für richtig halten.

Erkrankungen
Schmerzen
Islandpferde haben eine unglaublich hohe Schmerzschwelle. Wo ein Großpferd längst sehr deutlich signalisiert hätte, dass es Schmerzen hat, sieht man einem Islandpferd noch lange nichts an. Das ist für diese Pferde oft ein Nachteil und wir Reiter sind besonders gefragt, auf kleinste Signale zu achten.

Kolik
Kolik bedeutet eigentlich nichts anderes als starke Bauchschmerzen und kann ein Signal für eine einfache Magenverstimmung bis hin zu einem tödlichen Darmverschluss sein. Für Koliken gibt es viele verschiedene Ursachen, auf die an dieser Stelle nicht eingegangen werden kann.

Wie erkennen Sie eine Kolik? Sie kommen zum Stall und Ihr Pferd liegt und mag nicht aufstehen. Meistens atmet es schneller als sonst, oder es steht im Stall und hat ein Schmerzgesicht, sieht einfach anders aus als sonst und reagiert nicht auf Sie. Es schlägt vielleicht mit dem Huf unter den Bauch und schwitzt oder will nicht fressen. In diesem Fall rufen Sie sofort den Tierarzt. Eine Kolik kann bei Pferden tödlich enden.

Hufrehe
Hufrehe ist eine sehr schmerzhafte Hufkrankheit und kann bei Islandpferden vorkommen. Die Pferde können kaum laufen, weil sie starke Schmerzen im Bereich der Zehen haben.

Die bekannteste Form ist die Futterrehe, die durch zu viel zu kohlenhydrathaltiges Futter entsteht. Hat ein Pferd einmal Futterrehe gehabt, muss dies beim Füttern immer beachtet werden. Sehr oft kann sich der Körper nicht mehr dauerhaft regenerieren und die Pferde dürfen, in seltenen Fällen lebenslang,

nicht mehr auf die Wiese. Um dieser Krankheit vorzubeugen, ist sinnvolles Weidemanagement und sorgfältiges Anweiden nötig.

Hufgeschwür
Hufgeschwüre sind selten, wenn Sie die Hufe vor und nach jedem Ritt auskratzen und überprüfen. Trotzdem kann es passieren, dass sich ein Steinchen in den Huf tritt und ein Geschwür verursacht. Ein Hufgeschwür ist eine hochschmerzhafte Sache für

Tipp!

Es gibt es eine Übung aus der Bodenarbeit, die Sie mit einem eigenen Pferd unbedingt trainieren sollten. Sie fördert auch das Vertrauen zwischen Ihnen und Ihrem Pferd und ist sehr nützlich, wenn das Pferd einmal beispielsweise wegen eines Hufgeschwürs behandelt werden muss. Nehmen Sie einen Eimer, zunächst einen leeren. Stellen Sie ihn neben ein Vorderbein. Heben Sie dieses an, stellen den Eimer darunter und lassen Sie das Bein los, so dass der Huf im Eimer steht. Sofort loben und wieder entlassen, bevor der Huf zurückgezogen wird. Dies wiederholen Sie über Tage oder Wochen verteilt in regelmäßigen Abständen so oft, bis Ihr Pferd den Huf im Eimer stehen lässt. Je nachdem, wie schnell Ihr Pferd lernt, können Sie den Eimer teilweise mit Wasser füllen. Wenn es angewärmt ist, akzeptiert Ihr Pferd dies schneller. Auf Dauer muss es aber auch mit kaltem Wasser gehen. Diese Übung machen Sie mit jedem Huf.

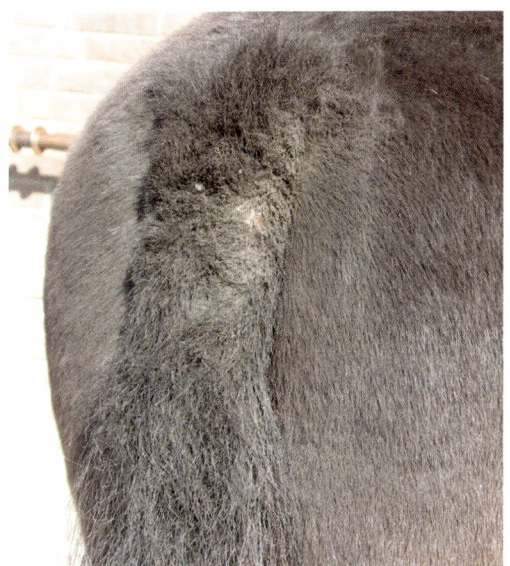 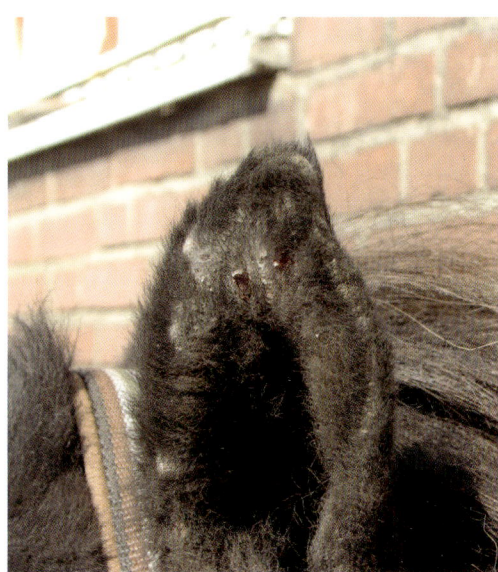

Aufgekratzte Stellen und ein abgeschubberter Schweif sind Hinweise auf das Sommerekzem.

das Pferd. Es mag den entsprechenden Huf nicht belasten und bietet ein Bild des Jammers. Im Huf hat sich ein Entzündungsherd gebildet, der von außen nicht zu sehen ist. Um sicher zu gehen, ob es ein Hufgeschwür ist, kann der Schmied oder Tierarzt den Huf mit einer Spezialzange abdrücken. Reagiert das Pferd nicht, muss man weitersuchen. Andernfalls kommt das Eisen ab und es muss regelmäßig ein Angussverband gemacht werden. Ein Hufgeschwür ist sehr gut behandelbar und verschwindet wieder vollständig.

Sommerekzem

Bevor die Nachfrage der Islandpferde auf dem Kontinent gedeckt werden konnte, wurden die Pferde aus Island importiert. Sehr viele dieser Pferde entwickelten in ihrem ersten Jahr in Deutschland ein Sommerekzem.

Das Sommerekzem ist eine Allergie gegen den Speichel der Kriebelmücke. Was diese Allergie auslöst, ist nicht sicher. Auch Pferde, die seit Jahren in Deutschland leben, können plötzlich ein Sommerekzem bekommen. Die Allergie löst bei den Pferden einen unstillbaren Juckreiz aus, sodass sie sich oft blutig scheuern. Ein Pferd mit Sommerekzem hat meist keine Mähne mehr, vom Schweif sind nur noch wenige Haare übrig, die Schweifrübe und Kruppe sind blutig und sogar die Bauchnaht ist aufgescheuert. Das Pferd ist nicht davon abzuhalten, sich zu kratzen. Für die Tiere ist das eine große Qual. Ist das Ekzem einmal ausgebrochen, kann man nur noch so gut wie möglich behandeln. Mit viel Glück reagiert das Ekzem auf Salben und ist gut behandelbar.

Bei Importpferden kann nach einem Halter- oder Stallwechsel plötzlich die Krankheit ausbrechen, obwohl sie davor symptomfrei waren. Manche sind der Meinung, dass der Auslöser auch psychische Ursachen haben kann. Pferde, die sich langweilen oder deren Lebensumstände sich dramatisch verändern, reagieren mit einer Schwächung des Immunsystems und die latent vorhandene Allergie bricht aus. Bei Importpferden kommen mehrere Faktoren zusammen: Klimawechsel, weniger Wind, stehende Luft und jede Menge stechende Insekten, die es in Island nicht gibt, tragen dazu bei. Auch die Fütterung unterscheidet sich vom Angebot in ihrer natürlichen Umgebung extrem. Wo sich das Islandpferd auf der Insel sein Futter meist vollständig selbst suchen muss und nur magere, trockene Gräser weidet, haben wir hier gesäte und kultivierte, mineralreiche Weiden. Diese Umstellung stellt für den Pferdestoffwechsel eine große Herausforderung dar. Er ist durch die jahrelange natürliche Auslese darauf ausgerichtet, aus dem Futter nahezu 90 % der Inhaltsstoffe aufzunehmen und leistungsbereit zu bleiben. Zum Vergleich: Ein Großpferd verwertet circa 30% des aufgenommenen Futters. Für ein Islandpferd ist eine deutsche Weide das Gleiche wie für einen Büroangestellten der Proteinshake des Bodybuilders. Daher muss der Weidegang für unsere Islandpferde auf wenige Stunden am Tag begrenzt werden. Sie würden sonst so fett werden, dass sie sich nicht einmal biegen könnten, geschweige denn tölten.

Wer nun auf der Insel war, dort einen Gæðingar (ein Traumpferd) gefunden hat und ihn nach Deutschland importiert, kann ihm den Wechsel mit ein paar einfachen Dingen erleichtern. Eventuell verhindert man so den sofortigen Ausbruch des Sommerekzems. Lassen Sie es im Herbst, besser noch im Winter kommen. Zum einen ist der Klimaunterschied dann nicht so extrem wie im Sommer, zum anderen gibt es in der Zeit keine Kriebelmücken und die Pferde stehen nicht auf der Weide.

Einige Islandpferdehalter, die über die Jahre mehrere Tiere importiert haben, haben gute Erfahrungen mit Prophylaxe gemacht. Die Pferde werden in den ersten zwei Jahren ihres Hierseins in Ekzemerdecken gesteckt. Dadurch hat das Immunsystem Zeit, sich an die hiesigen Gegebenheiten und die Futterumstellung zu gewöhnen und muss nicht zusätzlich gegen die Kriebelmücke ankämpfen.

Natürlich gibt es auch deutsche Islandpferde, die an Ekzem leiden. Ich empfehle Ihnen sehr, sich keinen Ekzemer zu kaufen. Hat ein Pferd ein Elternteil mit Ekzem, bildet es mit großer Wahrscheinlichkeit ebenfalls ein Ekzem aus. Sind beide Eltern ekzemfrei, wird es mit ebenso großer Wahrscheinlichkeit ekzemfrei bleiben. Fragen Sie unbedingt den Verkäufer.

Ekzemer sind meist deutlich günstiger im Kaufpreis. Das hat auch seinen Grund, denn auf längere Sicht gesehen sind diese Pferde für Sie deutlich teurer. Bei einem Ekzempferd müssen Sie im Regelfall morgens und abends Hautpflege betreiben und ölen, schmieren oder fetten, Tröpfchen geben, Pulver oder Ampullen verabreichen, Eigenblut spritzen lassen oder Mischungen anrühren, das Internet nach Geheimmitteln durchforsten oder Ekzemerdecken flicken. So gibt man die beim Kauf gesparte Summe ganz schnell für Salben, Tuben und Dienstleistungen aus.

Haben Sie sich für eine Ekzemerdecke entschieden, brauchen Sie zwei, damit Sie die eine flicken können, während das Pferd die andere trägt. Hat das Pferd eine schwere Form des Ekzems und sind auch die Ohren stark befallen, muss es auch noch eine Kopfhaube tragen, und zwar 24 Stunden am Tag, sieben Tage die Woche und ungefähr 30 Wochen im Jahr.

5

Unterricht

5. Unterricht

Auf der Suche nach dem richtigen Reitlehrer

Den richtigen Reitlehrer finden Sie für sich selbst genau so, als würden Sie für Ihr Kind einen suchen: Sie fahren auf einen Hof und sehen sich die Reitstunde an, schauen, wie die Stimmung auf dem Hof ist. Schauen Sie, wie der Reitlehrer mit der Gruppe umgeht. Wie ist der Ton? Militärische Ansagen mit Drill oder lässt der Trainer Fragen zu? Wird viel und verständlich erklärt? Wird vor oder während des Unterrichts auch mal gelacht oder geschwätzt oder reiten alle stumm vor sich hin? Wie groß ist die Gruppe? Reitet einer an der Spitze und alle anderen zockeln hinterher? Oder wird jeder ermuntert, selbständig zu reiten und sich nicht an einen Vorreiter zu hängen?

Schauen Sie genau hin. Normalerweise hat niemand etwas dagegen und Sie sind auf den Höfen herzlich willkommen. Natürlich beachten Sie die Gastregeln: Es werden keine Pferde gefüttert und keine Leckerlis gegeben.

Sie können den Trainer ansprechen. Sagen Sie, dass Sie Interesse haben. Achten Sie darauf, ob Ihnen Fragen gestellt werden, wie: Haben Sie Vorkenntnisse? Was wünschen Sie sich? Was sind Ihre Ziele? Was verbinden Sie mit dem Reiten?

Führen des Pferdes

Zunächst geht es darum, Ihr Schulpferd überhaupt zu finden. Das ist in einem Laufstall voller Isländer oft gar nicht so einfach. Man wird Sie aber die ersten Male begleiten, damit Sie zum Beispiel unter all den langmähnigen Füchsen auch den Ihnen zugewiesenen finden. Mit der Zeit werden Sie sich verschiedene Erkennungsmerkmale einprägen (Abzeichen,

dicke oder dünne, einfache oder doppelte Mähne, hellere Fellbereiche etc.), so dass Sie die Pferde unterscheiden können.

Wenn Sie Ihr Pferd haben, müssen Sie es durch das Tor bugsieren, ohne dass alle anderen Pferde mitgehen. Dabei geht immer der Mensch voran. Wenn Ihr Pferd ebenfalls draußen ist, machen Sie zügig eine kleine Drehung und schließen das Tor.

Anfänger, die ein Pferd führen, neigen dazu, sich immer wieder zu vergewissern, dass es neben ihnen läuft. Sie schauen zur Seite, prüfen, ob ihr Pferd Schritt halten kann oder ob es sich wohl fühlt. Und es ist spannend, dass Sie so ein großes Tier an einem Strick haben. Ihr Pferd reagiert nun aber auf Ihre Körpersprache und immer wenn Sie sich prüfend zur Seite drehen, nimmt es das als Signal, langsamer zu werden.

Halfter aufziehen ...

Gehen Sie vor, Ihr Pferd sollte seitlich versetzt hinter Ihnen gehen. In der Herde ist das ranghöhere Tier immer vorn. Geht Ihr Isi direkt hinter Ihnen, erschrickt sich und macht einen Satz nach vorn, haben Sie ihn im Rücken. Sie können mal von links und mal von rechts führen. Gewöhnen Sie ein Pferd an beide Seiten. Den Führstrick dürfen Sie sich nie um die Hand wickeln. Sollte wirklich ein Hüpfer kommen, werden Ihnen sonst Hand oder Finger abgequetscht. Eine Hand hält den Strick locker in der Hand, so lang, dass Ihr Pferd ein wenig Abstand halten kann. Den Rest des Strickes halten Sie, doppelt gelegt, in der anderen Hand.

Dann geht es in die Reitstunde. Bis hierhin müssen Sie sich schon wohlgefühlt haben. Wurden Sie begleitet oder hat man Sie allein gelassen? Im Idealfall wird bemerkt, wenn Sie Angst haben oder sich unsicher sind. Fühlen Sie sich gesehen oder haben Sie das Gefühl, dass der Trainer keine Lust hat? Wird viel

... und schließen.

Führübung

Wenn Sie sich etwas sicherer fühlen, gibt es eine schöne Übung, die die Aufmerksamkeit Ihres Pferdes weckt und es zwingt, sich mehr auf Sie zu konzentrieren. Gehen Sie einen Weg entlang und variieren Sie dabei das Tempo. Gehen Sie mal mit langen Schritten gemächlich dahin, dann richten Sie sich auf und laufen deutlich schneller weiter, als würden Sie weiter weg jemanden sehen, den Sie noch einholen wollen. Dann werden Sie wieder langsamer.
Zwischendurch bleiben Sie abrupt stehen, als würden Sie gegen ein unsichtbares Hindernis laufen. So konzentriert sich Ihr Pferd auf Sie und folgt Ihnen flüssig.

So ist es richtig. Nie den Führstrick um die Hand wickeln, sondern zu einer Schlaufe legen und diese umfassen.

vermittelt? Wird Ihr Verständnis für dieses Tier und sein Verhalten geweckt? Werden Sie zum Nachfragen angeregt? Ist man bei Ihnen?

Achten Sie auf Ihr Gefühl. Es ist Ihre Freizeit, Ihr Geld, es soll Ihre Insel im Alltag werden und Ihnen Kraft und Freude schenken. Fahren Sie lieber 10 Kilometer weiter oder gehen Sie zu einem Hof, auf dem es keine Halle gibt. Suchen Sie sich den Betrieb aus, in dem Sie sich wohl fühlen.

Anbindebalken

Sie haben Ihr Pferd nun geholt und es am Anbindeplatz angebunden. Denken Sie daran, dass Sie den Führstrick mit dem so genannten Pferdeknoten schließen. Das ist wie Häkeln. Die erste Schlaufe wird unter der Stange oder durch die Anbindeöse durchgezogen und mit dem Rest des Strickes gehäkelt. Auf diese Weise könnten Sie im Notfall den Strick mit einer Bewegung lösen.

Durch die Herdenhaltung ist es den Islandpferden vertraut, eng beieinander zu stehen. Zusätzlich sind sie durch die lange Entwicklung und Zucht zu respektvollen und freundlichen Pferden geworden und treten üblicherweise nicht aus. Daher sieht man oft so eng nebeneinander angebundene Pferde, dass sich der Mensch beim Putzen zwischen zwei Pferdepopos schiebt. Allerdings sollten Sie immer ein Signal geben, die Pferde ansprechen oder die Hand anlegen. Boxenpferde kann man nicht so eng nebeneinander stellen und anbinden. Sie sind es häufig nicht gewohnt, in direktem Kontakt zu einem anderen Pferd zu sein.

Ihr Pferd soll immer respektvoll sein, auch am Anbindeplatz. Es soll weichen, wenn Sie das entsprechende Signal geben, aber es soll nicht zappeln. Es soll die Hufe geben, wenn Sie sie abfragen. Wenn es das nicht tut, wiederholen Sie mit ruhiger Kontinuität, was Sie möchten. Falls Sie das Gefühl haben,

Der Pferdeknoten wird »gehäkelt«, damit er sich notfalls mit einer Handbewegung lösen lässt.

das Pferd ist mental noch zu stark für Sie, holen Sie sich Hilfe, bevor Sie sich auf einen Kampf einlassen.

Putzen und Hufe auskratzen

Besonders wichtig ist es nun, das Pferd zu putzen und die Hufe auszukratzen. Wenn Sie die Sattellage nicht putzen, scheuern der Sand und die abgestorbenen Haare später unter dem Sattel. Es bilden sich auf Dauer schmerzhafte Druckstellen. Es ist nicht unbedingt nötig, das Pferd immer auf Hochglanz zu putzen, aber die Sattellage muss immer sauber sein. Die Hufe müssen vor und nach dem Reiten immer ausgekratzt werden, damit keine Fremdkörper eingetreten werden. Sie stellen sich dazu in Blickrichtung Hinterteil neben das Pferd, greifen nach unten an die Fessel und nehmen das Bein auf. Auf der Innenseite des Hufes sehen Sie drei Furchen, die den sogenannten Strahl bilden. Hier müssen Sie Dreck und Steinchen entfernen.

Richtig satteln

Den Sattel richtig aufzulegen ist für Neulinge überraschend schwierig. Nirgendwo ist eine Markierung und man muss so viel beachten. Aber wie ein Sattel liegt, beeinflusst die Gangfähigkeit des Pferdes sehr, denn es wird in seiner Beweglichkeit eingeschränkt, wenn der Sattel falsch liegt. Die Pferdeschultern müssen frei sein, damit das Pferd die Vorhand gut bewegen kann. Der hintere Rücken muss ebenfalls frei sein. Sie haben also nicht viel Platz, um den Sattel richtig aufzulegen.

Stellen Sie sich vor, Sie stellen das Pferd auf seine Hinterbeine. Die Vorderbeine hängen locker runter. Sie sehen, das Pferd hat genau wie der Mensch Schulterblätter. Wenn Sie nun das Pferd wieder auf seine vier Beine stellen, wissen Sie, wo sich die Schulter (= das Schulterblatt) befindet. Legen Sie den Sattel auf den Rücken des Pferdes deutlich auf die Schulter und ziehen Sie ihn dann sanft zurück. Damit bringen Sie umgeknickte Haare, die sonst zu Druckstellen führen könnten, wieder in Wuchsrichtung.

Ziehen Sie den Sattel so weit zurück, dass Sie ungefähr einen Finger zwischen Sattel und Schulterblatt legen können. Im Regelfall sitzt der Sattel dann genau richtig. Achten Sie trotzdem darauf, ob der Sattel eventuell sehr weit hinten liegt. Es gibt bei den Islandpferden einige sehr kurze Pferde. Bei ihnen ist das Auflegen des Sattels eine Gratwanderung. Wenn Sie sich nicht sicher sind, fragen Sie einfach den Trainer oder andere Reiter, die sich in Ihrer Nähe befinden.

Nun schließen Sie locker den Bauchgurt, damit das Pferd sich nicht wehren will. Nach kurzer Zeit ziehen Sie ihn mit möglichst gleichmäßigem Zug strammer.

Kratzen Sie immer vom Körper weg, damit Ihnen kein Dreck ins Gesicht fliegt.

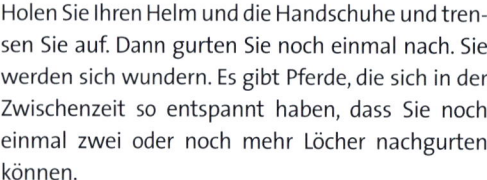

Mit einer Hand wird das Pferd über den Zügel gesichert, mit der anderen der Gurt nachgezogen.

Hier wurde nicht nachgegurtet, der Sattel ist nach vorn gerutscht.

Holen Sie Ihren Helm und die Handschuhe und trensen Sie auf. Dann gurten Sie noch einmal nach. Sie werden sich wundern. Es gibt Pferde, die sich in der Zwischenzeit so entspannt haben, dass Sie noch einmal zwei oder noch mehr Löcher nachgurten können.

Ungefähr fünf bis zehn Minuten nach Reitbeginn können Sie noch einmal nachgurten. Ob Sie das vom Pferderücken machen oder dazu lieber absteigen, hängt davon ab, wie sicher Sie sich auf Ihrem Pferd fühlen und wo Sie sich befinden. In fremdem Gelände mit einem wachen Pferd empfehle ich, vom Pferd nachzugurten. Wenn Sie als Anfänger im Gelände absitzen, Ihr Pferd aber gern weiter möchte, bleibt es vielleicht nicht mehr artig stehen, wenn Sie wieder in den Sattel wollen. Für Anfänger ist das etwas kribbelig. Wenn Sie also nicht zurück zum Hof laufen möchten, weil Sie nicht mehr in den Sattel kommen – üben Sie, von oben nachzugurten.

Trensen

Islandpferde lassen sich meist leicht trensen. Legen Sie die Zügel über den Hals des Pferdes. Nehmen Sie die Trense am Genickstück in eine Hand. Stellen Sie sich neben das Pferd. Legen Sie das Gebiss auf die andere Hand und bieten es dem Pferd an. Meist nehmen die Pferde das Gebiss von allein auf. Falls nicht, umschließen Sie das Maul sanft mit Ihrer Hand und kitzeln mit dem Daumen die Maulspalte des Pferdes. Das genügt meist, damit das Pferd reflexartig sein Maul öffnet und das Gebiss annimmt. Wenn Sie die Trense nun sanft nach oben ziehen, kommt das Gebiss ganz in das Maul und klappert nicht unangenehm gegen die Zähne. Jetzt können Sie das Genickstück über die Ohren ziehen. Das ist bei den Islandpferden manchmal das schwerste, denn viele haben einen sehr dicken und langen Schopf. Wenn Sie so ein Exemplar erwischt haben, halten Sie weiterhin die Trense so, dass das

Tipp!

Wenn Sie befürchten, dass Ihr Pferd beim Trensen wegläuft, ziehen Sie das Halfter erst halb ab und ziehen es dann über den Kopf. Auf diese Weise ist es noch angebunden und Sie können mit beiden Händen in Ruhe trensen.

Gebiss nicht im Maul herumklappert. Ziehen Sie es erst über das eine Ohr, dann den Schopf durch und dann das andere Ohr. Haben Sie keine Angst. So ein Ohr ist recht biegsam und bricht nicht ab.

Damit haben Sie den ersten Teil des Auftrensens geschafft. Als Anfänger dürfen Sie stolz auf sich sein. Sie sollten mal von rechts und mal von links trensen.

Sie können sehen, ob die Trense richtig sitzt, zu lang oder zu kurz ist, indem Sie auf die Maulspalte schau-

en. Wenn dort zwei bis drei kleine Hautfalten entstanden sind, ist das richtig. Wenn es mehr sind, ist die Trense zu kurz und muss oben am Genick ein oder zwei Loch verlängert werden. Wenn sich keine Falte gebildet hat und das Gebiss tief im Maul hängt, müssen Sie das Ganze umgekehrt machen.

Jetzt folgt der zweite Teil, das Sperrhalfter. Der untere Teil wirkt wie ein Gürtel. Er sollte zunächst geöffnet sein. Legen Sie das Genickteil des Sperrhalfters einfach hinter die Pferdeohren. Wenn die Länge richtig eingestellt ist, liegt es schon nahezu perfekt. Die Höhe ist auf dem knöchernen Teil der Nase, ungefähr eine Handbreit über den Nüstern. Führen Sie es vollständig um das Pferdemaul und schließen es. Es darf nicht zu eng verschnallt werden und sollte so anliegen, dass zwischen Pferdenase und Sperrhalfter noch zwei Finger Platz haben. Es soll auf keinen Fall Luft abschnüren, das Pferd sollte noch ein Leckerchen kauen können.

Aufsitzen

Wenn Sie nun reiten wollen, ist Aufsitzen die nächste Aufgabe, die es zu erfüllen gilt. Üblicherweise heißt es, dass Sie von links aufsitzen müssen. Von links aufzusitzen ist ein Überrest aus der Militärzeit. Die meisten Menschen sind Rechtshänder und so hatten die Soldaten ihre Säbel auf der linken Seite. Wenn der Soldat nun ungehindert aufsitzen wollte, musste er dies so tun, dass der Säbel nicht im Weg war, also von links. Heute können Sie von rechts oder links aufsitzen, das ist ganz egal. Im Gegenteil, für Ihr Pferd ist es eher förderlich, wenn Sie wechselseitig aufsitzen. Wenn Sie Steigbügelriemen aus Leder haben, ist es ebenfalls vorteilhaft, da dann nicht mit der Zeit einer der Riemen durch das Aufsitzen länger wird als der andere.

Beim Aufsitzen belasten Sie ein Pferd kurzzeitig einseitig extrem. Sie sollten deswegen darauf achten,

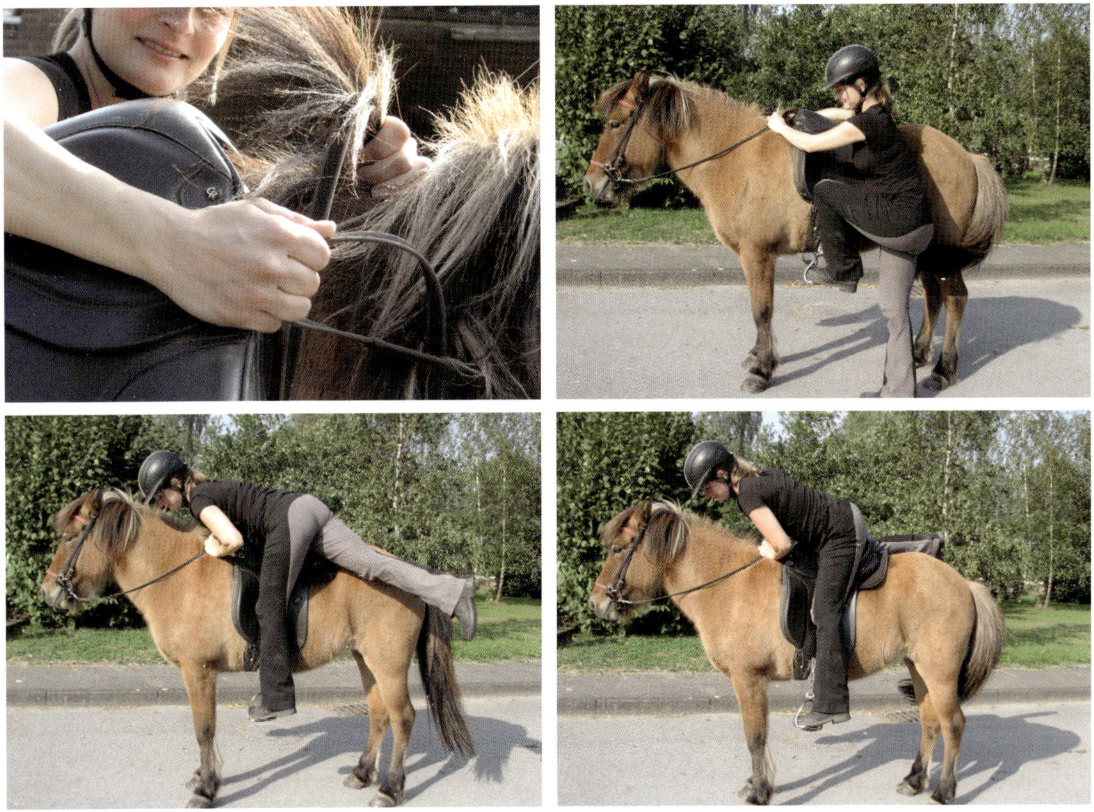

Der Steigbügel ist keine Leiter. Halten Sie immer auf der anderen Seite gegen und steigen Sie fließend und sanft auf.

dass es im Gleichgewicht steht. Das prüfen Sie, indem Sie Ihr Pferd, bevor Sie Ihren Fuß in den Bügel stellen, einmal kurz und deutlich mit der Hüfte anstupsen. Falls es nicht sicher auf allen vier Hufen stand, wird es sich jetzt ausbalancieren.

Das Aufsitzen beim Islandpferd funktioniert etwas anders als beim Großpferd. Beim Großpferd steht der Reiter mit der linken Körperseite an der linken Schulter des Pferdes. Er sieht in Richtung Pferdepopo. In der linken Hand hat er die Zügel und die linke Pausche des Sattels. Er nimmt den Bügel in die

Hand, stellt seinen Fuß hinein, legt die nun freie rechte Hand auf den Hinterzwiesel des Sattels und schwingt sich hoch auf den Pferderücken. Er nutzt die Drehung des Körpers, um genug Schwung zu bekommen.

Islandpferdereiter stehen mit der rechten Körperseite an der linken Seite des Pferdes, sie schauen in Richtung Kopf, nehmen die Zügel und einen Teil Mähne mit der linken Hand auf. Der Reiter fasst mit der rechten Hand über den Pferderücken auf die rechte Sattelpausche. Er drückt mit Gewicht den

Tipp!

Idealerweise nutzen Sie eine Aufstiegshilfe. Die Pferde gewöhnen sich schnell daran, stehen zu bleiben, während Sie auf einen Tritt, einen dicken Stein oder Ähnliches steigen und von dort aufsitzen. Auf diese Weise belasten Sie Ihr Pferd nicht so stark. Abwechselnd mal von links, mal von rechts aufsitzen.

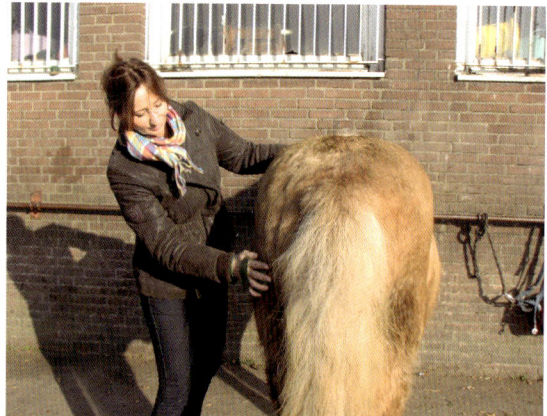

Erste Kontaktaufnahme. Noch ist alles neu, die Bewegungen sind noch ungewohnt, aber es ist schön.

Sattel nach unten, steht mit dem linken Fuß im Bügel. Mit ein bisschen Training hält man so den Sattel gleichmäßig belastet und kann leicht aufsitzen. So könnte man sogar aufsitzen, ohne dass ein Bauchgurt am Sattel ist.

Die erste Reitstunde

Wenn Sie Ihre erste Reitstunde haben, sollten Sie das Pferd fertig machen und so den ersten Kontakt aufnehmen. Wenn Sie ein sehr ängstlicher Mensch sind, müssen Sie sich nicht sofort draufsetzen. Sie können auch erst nur am Boden mit dem Tier umgehen. Der Trainer oder eine von ihm beauftragte Person sollte Sie dabei begleiten und unterstützen, Ihnen erklären, was gemacht werden muss, wie man sich die Hufe geben lässt, wo der Sattel liegen muss. Falls man Sie allein lassen will, Sie sich aber noch nicht in der Lage fühlen, diese Dinge allein und richtig zu machen, bestehen Sie auf Begleitung. Das geht zwar von Ihrer Reitzeit ab, wird Sie aber auf Dauer sicherer sein lassen.

Bei der ersten Reitstunde gibt es die unterschiedlichsten Verfahren: Einzel- oder Gruppenstunde, im Führring oder in der Halle, als Handpferd im Gelände. Jeder Trainer hat seine eigenen Methoden, abhängig von Ihnen, Ihren Vorkenntnissen, Ihren Wünschen und dem Eindruck, den er von Ihnen hat. Es wird Reitstunden geben, in denen Sie denken, dass Sie das nie lernen werden, dass es einfach zu viel ist. Und auch das Pferd hat bessere und schlechtere Tage. Achten Sie auf Ihre Fortschritte. Erinnern Sie sich, wie es vor vier Wochen oder vier Monaten war. Wie es war, das erste Mal das Pferd aus der Herde zu holen, das erste Mal allein mit ihm zu gehen oder das erste Aufsitzen. Es wird immer wieder Tage geben, auch in ein paar Jahren, an denen man denkt, es geht nicht vorwärts – aber das tut es. Sie müssen nur hinsehen und sich erinnern.

Auch auf einem Schulpferd in der Reitstunde für Anfänger gilt: Langweilen Sie Ihr Pferd nicht und langweilen Sie sich selbst nicht. Reiten Sie! Zockeln Sie nicht meinungsfrei und unselbständig hinter einem Pferd her. Bestimmen Sie die Richtung und das Tempo. Zu Beginn ist es schwierig, aber je eher Sie daran denken selbständig zu reiten, je schneller können Sie es.

...as erste Mal auf dem Pferd, mal an der Longe ohne Sattel und mit Haltegriff, mal im Gelände. Jeder Anfang ist anders.
...ichtig ist jedoch gerade bei Anfängern eine gute Begleitung durch einen Reitlehrer bzw. eine Reitlehrerin.

6

Training und Reiten

6. Training und Reiten

Reitersitz und Hilfen

Ihr Sitz

Die Gangart beeinflussen Sie durch Ihren Sitz und die Einwirkung der Zügel, also durch die Hand und das Treiben. Früher war man der Meinung, man müsste beim Islandpferd sehr weit hinten sitzen und die Füße weit nach vorne strecken, so ähnlich wie ein Motorradfahrer, der auf einem Chopper sitzt. Das ist eine Körperhaltung, die auf alten Fotos aus Island zu sehen war. Weil die isländischen Bauern früher viel durch schwieriges Gelände geritten sind, haben sie sich einen bequemen und sicheren Sitz angeeignet. Diese Art zu sitzen ist in unserem Gelände für die Haltung, den Pferderücken und nicht zuletzt für die Gangqualität Ihres Islandpferdes sehr schlecht.

Seit die Pferde ihren Siegeszug auf dem Kontinent angetreten haben, wurde diese Art des Sitzes hinterfragt. Hier gibt es alte und erprobte Reitlehren, die ausprobiert wurden. Es wurde beobachtet, wie sich der Tölt entwickelt, wenn im Dressursitz geritten wird. Schnell fand man heraus, dass der Sitz sich insgesamt positiv auf den Tölt auswirkte.

Sie lernen meist im so genannten Vollsitz. Der Reitersitz ist neben der Handhaltung am schwierigsten umzusetzen. Im Alltag sitzen Sie sonst meist

Unterschiedliche Sitzarten: Die Reiterin links sitzt etwas entlastend, die Reiterin auf dem Schimmel eher gerade.

> ### Tipp!
>
> *Am einfachsten stellen Sie sich vor, Sie sitzen so im Sattel, dass Sie nicht umkippen würden, wenn sich das Pferd unter Ihnen in Luft auflösen würde. Dann sind Sie perfekt im Gleichgewicht und Ihr Pferd kann sich gut ausbalancieren. Beginnt Ihr Pferd loszugehen, fühlen Sie hinein und lassen Sie sich zunächst wie beim Tanz von Ihrem Partner führen. Wenn Sie ein Gefühl für Rhythmus und Balance gefunden haben und ein wenig Technik dazu, übernehmen Sie die Führung.*

Die Reiterin unterstützt ihr Pferd nicht in der Biegung nach links. Sie sitzt eher nach rechts gegen die (Pferde-)Bewegung.

angelehnt oder eingerahmt, können sich am Lenker abstützen oder sanft in ein Polster sinken. Ihren Oberkörper müssen Sie nicht selbst halten.

Im Sattel sitzen Sie aufrecht, versuchen Ihre Balance zu finden und »im Lot« zu sein. Die Schultern werden locker etwas zurückgenommen, Gesäß und Oberschenkel sind ebenfalls entspannt. Die Steigbügel werden so eingestellt, dass Sie die Beine ein wenig anwinkeln müssen, wenn Sie im Bügel stehen. Drücken Sie die Ferse etwas hinunter und drehen Sie die Zehen leicht nach innen. Wenn Sie im Fußgelenk locker bleiben können, können Sie die Bewegung Ihres Pferdes abfedern.

Die Arme sind leicht angewinkelt, die Hände sind aufrecht und halten die Zügel. Das Wichtigste und gleichzeitig das Schwierigste ist, locker und entspannt zu bleiben und trotzdem genug Spannung im Körper zu haben.

Körperspannung und Lastaufnahme

Ein Pferd, das nicht aktiv geritten wird, von dem man sich nur tragen lässt, läuft gelangweilt ohne echten Vorwärtsdrang und ohne jede Körperspannung. Es trägt das Reitergewicht nicht ordentlich, weil der Pferderücken durchhängt. Auch ohne medizinisches Fachwissen kann man sich leicht vorstellen, dass so etwas für Ihr Pferd auf die Dauer nicht gesund ist. Weil die Spannung fehlt, läuft das Pferd auf der Vorhand, das ganze Gewicht wird von den Vorderbeinen aufgenommen.

Das kann jeder Mensch an sich selbst zu Hause ausprobieren: Gehen Sie auf alle Viere und krabbeln Sie ohne jede Körperspannung und ohne die Knie unter den Körper zu ziehen vorwärts. Fühlen Sie Ihren Rücken, Ihre Arme und Ihre Schultern. Wenn Ihnen nun ein Kind auf den Rücken gesetzt wird, das ein wenig auf- und abhopst, werden Sie das Gefühl haben, durchzubrechen. Sie wollen möglichst schnell mit der Übung aufhören.

Innenrotation

Wenn Sie im Sattel sitzen, drehen Sie einmal die Fußspitzen nach innen. Übertreiben Sie ruhig dabei und schauen auf Ihre Knie. Diese legen sich enger an den Sattel, das Bein ist geschlossen. Dadurch haben Sie einen sichereren Halt im Sattel. Nun drehen Sie die Fußspitzen nach außen. Sofort öffnet sich das Knie, der Knieschluss fehlt. Ihr Bein schlackert, der Sitz wird schlechter. Natürlich sollen Sie nicht X-beinig im Sattel sitzen, aber drehen Sie die Zehen tendenziell nach innen. Das verbessert den Sitz und gibt Ihnen mehr Halt.

Nun machen Sie die gleiche Übung mit Körperspannung und ziehen die Knie weit unter den Körper. Das Kind hüpft nicht herum, sondern sitzt in aufrechter Position auf Ihrem Schwerpunkt. Der Unterschied ist frappierend.

Sie können sich auch im Selbstversuch verdeutlichen, wie es sich anfühlt, wenn das Pferd auf die Vorhand fällt: Laufen Sie leicht nach vorn gebeugt und lassen die Schultern schwer hängen, die Arme pendeln kraftlos. Ihr Schwerpunkt ist weit vorn. Wenn Sie nun losrennen wollen, werden Sie vermutlich stolpern. Sie könnten kein Gewicht tragen, haben keine Körperspannung, wirken im Ganzen schlapp. Ihr Gangbild ist unsauber.

»Auf die Vorhand fallen« bedeutet also, dass das Pferd das meiste Gewicht auf den Vorderbeinen trägt. Um gesundheitsschonend einen Reiter zu tragen, sollte hingegen die Hinterhand Last aufnehmen, das heißt, sie soll möglichst weit unter den Körper treten, um einen Großteil des Gewichts von Pferd und Reiter aufzunehmen. Wenn die Hinterbeine weit nach vorne schwingen, wird gleichzeitig auch der Rücken durch den Zug der Beine nach oben aufgewölbt. So werden die Rückenmuskeln entlastet, das Pferd kann Gewicht besser tragen. Wenn die Hinterhand keine Last aufnimmt, drückt das Pferd den Rücken nach unten weg. Die Tragkraft fehlt, das Reitergewicht belastet die Rückenmuskulatur negativ.

Das Gewicht des Reiters

Es gibt Islandpferdetrainer, die nur Reitschüler nehmen, die nicht mehr als 70 oder 75 Kilogramm wiegen. Besonders im Turniersport sieht man aber viele Männer reiten, die leicht 90 Kilogramm wiegen und trotzdem eher schlank aussehen. Ausschlaggebend ist, wie der Reiter das Pferd belastet. Stört das Reitergewicht das Pferd, ist es ihm nur kurzzeitig zuzumuten. Wenn beispielsweise der Reiter dem Pferd beim Aufsitzen in den Rücken plumpst oder beim Trab oder Galopp gegen die Bewegung sitzt, kann er auch mit auch nur 50 Kilogramm das Pferd sehr stören und belasten. Ein gesundes, gut gebautes Islandpferd trägt problemlos auch erwachsene, muskulöse große Männer. Die Gewichtsgrenze von 70 Kilogramm ist eher willkürlich gewählt. Auch schwerere Menschen dürfen Islandpferde reiten. Durch ihre Proportionen, Muskulatur und ihre vergleichsweise großen Knochenquerschnitte eignen sie sich nahezu ohne Einschränkungen auch als Reitpferd für Erwachsene. Es sollte im Gebäude, also im Körperbau nur nicht zu leicht und feingliedrig sein. Die neuen deutschen Islandpferde fallen relativ häufig in diese Kategorie. Deswegen sollten Sie sich, wenn Sie keine Elfe sind, eher nach den klassischen Islandpferdetypen umsehen.

Wenn Sie sich noch einmal die Geschichte ansehen, wurden unsere Pferde ja auf Kraft gezüchtet. Ein

Ein harmonisches Bild. Der Reiter ist ein großer, muskulöser Mann. Das Pferd ist nicht zu fragil und gut trainiert.

isländischer Bauer hat immer mehr als 70 Kilogramm Körpergewicht und sein Pferd musste ihn Kilometer um Kilometer durch unwegsames Gelände tragen. Die Pferde waren noch vor 50 Jahren im Schnitt sogar acht Zentimeter kleiner als die heutigen. Wenn Sie also ein Reitschulangebot finden, das diese willkürliche Gewichtsgrenze setzt, suchen Sie sich ein anderes. Sie dürfen reiten! Wichtig ist, dass Sie Ihrem Pferd nicht in den Rücken fallen. Wenn möglich, nutzen Sie zum Aufsitzen Hilfsmittel, wie beispielsweise Aufstiegshilfen und

wärmen Sie sich auf, damit Sie nicht zu steif und unbeweglich sind. Auch Ausgleichssport zusätzlich zum Reiten ist sehr ratsam, um so die körperlichen Voraussetzungen zu schaffen, sanft und präzise auf das Pferd einzuwirken. Außerdem ist es für jeden Reiter wichtig, sich durch regelmäßigen Unterricht immer weiter zu verbessern, sodass beide Partner wirklich Spaß am Reiten haben können.

Zügelhaltung und Paraden

Die Zügel sind am Gebiss befestigt und liegen auf dem Hals. Legen Sie sich den Zügel vom Pferdemaul kommend über den kleinen Finger unter Ring-, Mittel und Zeigefinger. Machen Sie eine leichte Faust. Der Zügel liegt lose auf dem Zeigefinger. Dort fixieren Sie ihn mit dem angewinkelten Daumen. Der Daumen sollte ein Dach über der halb geschlossen Faust bilden. Mit der anderen Hand machen Sie das gleiche.

Sie werden von Ihrem Reitlehrer zu Beginn sicher häufig hören, dass Sie die Hand ruhig halten sollen. Das ist für Anfänger sehr missverständlich, denn die (Zügel-)Hand bleibt nicht statisch stehen. Ihre Verbindung sollte kontinuierlich, aber leicht sein. Das Pferd bewegt im Schritt den Kopf rhythmisch nach vorne-unten und zurück. Sie müssen mit der Zügelhand der Bewegung folgen, damit die Zügel immer in gleichmäßigem Anstand zum Pferdemaul sind. Die Bewegung sollte leicht aus dem Ellbogen kommen, die Schultern sind nicht hochgezogen. Lassen Sie sie locker und entspannt fallen.

Stellen Sie sich vor, Sie transportieren eine volle Tasse. Wenn Sie sich auf die Tasse und den Inhalt konzentrieren und verhindern wollen, dass sie überschwappt, versteifen Sie sich und verschütten Flüssigkeit. Wenn Sie aber das Ziel vor Augen haben, einfach laufen und die Tasse intuitiv halten, ist Ihr Körper entspannter und gleicht Unregelmäßigkeiten besser aus. Die Hand bleibt besser in der Waage und Sie verschütten meist nichts. So ist es auch bei der Zügelhaltung: Wenn Sie sich zu sehr auf das Ruhighalten der Hände konzentrieren, versteifen Sie sich im Ellenbogen- und Schultergelenk. Dadurch wippt Ihre Hand unbeabsichtigt hin und her.

Die Kraft, mit der Sie die Zügel halten sollen, wird oft damit verglichen, dass man einen Wellensittich in der Hand hält, den Sie nicht zerdrücken sollen. Mein persönliches Problem war nie, den Wellensittich nicht zu zerdrücken. Es war eher, zu vermeiden, dass er sich übergibt. Die Hand ruhig halten bedeutet nichts anderes, als eine stetige und leichte Zügelverbindung zum Pferd zu haben. Der Wellensittich soll gehalten und weich vor und zurück geschwungen werden, so als würden Sie ihn in den Schlaf wiegen.

Beim Warmreiten bleiben die Zügel zunächst lang. Sie werden nach einigen Minuten Schrittreiten aufgenommen. Das heißt, dass Sie erst den einen und dann den anderen Zügel nachfassen. Ein Pferd, das gut schreitet, hat den Hals in schöner Biegung und schwingt weich im Schritt mit. Wenn Sie auf dem Pferd sitzen, sehen Sie nur einen langen Hals, Mähne und Ohren. Der Blick, den Zuschauer haben, fehlt Ihnen für viele Stunden. Sie sehen nicht, ob Ihr Isi in schöner, richtiger Haltung geht. Aber geben Sie nicht auf. Auch das werden Sie lernen, Ihr Blick wird geschärft werden und irgendwann sehen Sie, ob alles so ist, wie es sein soll.

Zu Beginn Ihrer Reitkarriere werden die Zügel häufig viel zu lang sein, obwohl Sie das Gefühl haben, genau das zu tun, was der Reitlehrer Ihnen sagt. Falls es möglich ist, lassen Sie sich von jemandem fotografieren oder filmen und sehen Sie sich an, wie Ihr Pferd unter Ihnen aussieht, wie tief es den Kopf hält und wie lang die Zügel sind. Das ist übrigens

Tipp!

Zügelhand: Ihr Daumen sollte ein Satteldach bilden, kein Flachdach. Testen Sie den Unterschied: Das Handgelenk ist auf diese Weise wesentlich lockerer und unabhängiger.

immer eine gute Kontrolle für Sie und schön zu sehen, wie Sie sich verändern.

Wenn der Reitlehrer »Zügel kürzer« sagt, kann das bedeuten, dass Sie die Zügel kürzer nehmen sollen. Es kann aber auch bedeuten, dass Sie die Hände mehr in Richtung Pferdemaul nehmen sollen. Wenn Sie immer wieder dieselbe Korrektur hören, fragen Sie nach. Vielleicht missverstehen Sie sich nur.

Die Hand- und Zügelhaltung verändert sich je nach Gangart und Körperbau des Pferdes ein wenig. Wenn Sie aber das Prinzip verstanden haben, werden Sie sich auch auf die etwas anderen Anforderungen der anderen Gangarten schnell einstellen können.

Parade

Paraden sind mit die wichtigsten Hilfen beim Reiten und Sie werden sie ziemlich am Anfang lernen. Paraden dienen dazu, das Pferd darauf vorzubereiten, dass gleich etwas von ihm gefordert wird, zum Beispiel ein Übergang von einer Gangart zur anderen. Sie fordern es außerdem dazu auf, seine Hinterhand mehr einzusetzen und sich weniger mit dem Maul auf den Zügel zu stützen. Es gibt halbe und ganze Paraden. Der Unterschied ist eigentlich ganz einfach: Eine ganze Parade endet immer mit dem Halt. Alles andere sind halbe Paraden.

Die Parade besteht aus mehreren Hilfen: Gewicht, Schenkel und Zügel. Die gleichzeitige Koordination dieser Hilfen ist anfangs noch schwer.

Sie sollten mit den Zügeln eine stetige Verbindung mit dem Pferdemaul haben, das Pferd geht in Anlehnung. Ganze, aber auch halbe Paraden sind wiederkehrende Impulse, kein ständiges Ziehen! Für die Zügelhilfe schließen und öffnen Sie die Zügelfaust, sodass leichte Impulse am Pferdemaul ankommen. Die Impulse geben Sie nicht wie ein Metronom, sondern arrhythmisch, damit es bei Ihrem Pferd Aufmerksamkeit erregt. Bei Paraden im immer gleichen Rhythmus stumpft das Pferd ab. Wenn Sie das Tempo verringern möchten, geben Sie die Impulse, verlagern Ihr Gewicht ein wenig nach hinten – denken Sie dabei an drei Zentimeter – und treiben mit dem Schenkel. Atmen Sie dabei aus, das hilft dabei, nicht zu verspannen.

Zum Halten tun Sie das Gleiche, bis Ihr Pferd steht. Man sagt auch, man solle das Pferd in den Halt hineintreiben. Lassen Sie Ihr Pferd einfach laufen und es bleibt irgendwann stehen, kann auch der Laie sehen, dass es das Reitergewicht nicht aufnimmt, sondern auf die Vorhand fällt und unaufmerksam ist. Ein Pferd, das in den Halt getrieben wird, steht gut, ist konzentriert und wartet auf weitere Signale.

Wenn Ihr Islandpferd auf gebogenen Linien geht, also zum Beispiel durch eine Ecke oder auf dem Zirkel, muss es gestellt werden, also leicht nach rechts oder links sehen. Das geht ebenfalls über halbe Paraden. Um Ihr Pferd nach links zu stellen, müssen Sie die linke Hand im Gelenk ein wenig eindrehen oder einfach nur den linken Ringfinger enger schließen. Damit geben Sie Ihrem Pferd den Impuls, nach links zu schauen. Diese Impulse sind, wenn Sie etwas geübter sind, feine Signale Ihrer Finger. Hören Sie mit den Impulsen auf und stellen

Kommunikation

Stellen Sie sich vor, Sie gehen mit einer Freundin durch die Einkaufsstraße. Sie haben sich eingehakt und nun wollen Sie zu einem Schaufenster auf der anderen Seite. Durch eine Änderung Ihres Blickes verändert sich Ihre Körperhaltung und Ihre Freundin reagiert. Falls das nicht so ist, geben Sie Ihrer Freundin einen leichten Impuls. Sie drücken oder ziehen sacht an dem untergehakten Arm. Sie verringern Ihr Tempo oder steigern es. Ihre Freundin wird Ihnen munter weitererzählend folgen. Dieses nonverbale Dirigieren können Sie immer wieder machen. Je häufiger Sie das machen, desto minimaler wird Ihre Einwirkung und so ist es auch bei Ihrem Pferd. Wenn Sie eine freundliche Hand haben, Ihrem Pferd Anlehnung geben und über feine Paraden mit ihm sprechen, beginnt es zufrieden auf dem Gebiss zu kauen. Es spricht mit Ihnen.

die Zügelhände parallel zueinander, schaut das Pferd wieder geradeaus.

Ein Islandpferdekopf ist sehr schwer. Das merken Sie, wenn sich Ihr Pferd auf das Gebiss legt, also mit seinem Gewicht darauf drückt. Den Kopf sollten nicht Sie, sondern Ihr Pferd selbst tragen. Je mehr Sie auf Reaktionen des Pferdes achten und die richtige Reaktion auf eine Parade mit Nachgeben, das heißt mit minimalem Lockern des Zügels, belohnen, je feiner wird Ihr Pferd auf Ihre Paraden reagieren und seinen Kopf selbst tragen.

Treiben – Schenkel und Gerte

Wie oder besser wann Sie eigentlich treiben müssten, können Sie erspüren, wenn Sie sich einmal führen lassen: Zunächst satteln Sie Ihr Pferd, lassen die Steigbügel ausnahmsweise hängen (sie werden beim Führen sonst immer hochgenommen, damit sie sich nirgends verhaken) und lassen es von jemandem führen. Sie gehen hinterher und können nun sehen, dass die Steigbügel gleichmäßig von rechts nach links schwingen. Schauen Sie auf die Pferdebeine und beobachten Sie, wann welches Hinterbein vortritt und wo der Steigbügel sich in dem Moment befindet.

Nun satteln Sie ab und setzen sie sich auf Ihr ungesatteltes Pferd – natürlich mit Helm. Entspannen Sie Ihren Körper und lassen Sie Ihr Pferd am Halfter von jemandem führen. Je entspannter Sie sind – eventuell schließen sie die Augen – desto lockerer schwingen Ihre Unterschenkel so wie vorhin die Steigbügel. Drücken Sie die Knie leicht an und halten dort die Verbindung zum Pferd. Ihr Bein liegt automatisch richtig. Nehmen Sie die Energie des Schwingens auf und vervollständigen Sie den Impuls. Sie treiben mit dem Schenkel. Damit animieren Sie das Pferd, das jeweilige Hinterbein etwas weiter unter den Körper zu ziehen. Es läuft im Körper geschlossener und latscht nicht vor sich hin. Es beginnt, sich selbst und Sie zu tragen.

Hier beginnt das Treiben. Je nach Gangart verändert es sich ein wenig. Wenn Sie das Prinzip des Schenkels verstanden haben und umsetzen können, ist der Rest fast ein Kinderspiel.

Gerte

Weil unsere Beine oft zu lang für unsere Isis sind, sehen Sie häufig Islandpferdereiter mit Gerte. Sie ist nicht dazu da, das Pferd zu schlagen. Mit der Gerte wird dem Pferd signalisiert, aufzupassen und mit den Hinterbeinen ordentlich unter den Körper zu

So halten Sie die Gerte.

treten. Wenn ein Pferd nicht richtig untertritt, nimmt es keine Last auf. Es fällt auf die Vorhand. Nur wenn es Last aufnimmt, kann es den Rücken ordentlich aufwölben und nur dann kann es Sie richtig tragen.

Die Gerte unterstützt die Unterschenkel, die nur teilweise am Pferd anliegen können. Ein gut gerittenes Pferd reagiert auch auf das Anspannen der Schenkel. Die Muskeln reagieren ja im ganzen Bein und diese feine Anspannung reicht bei sehr gut gerittenen, feinen Pferden. Üblicherweise haben Sie als Einsteiger nicht so feine Pferde, also müssen Sie aktiver treiben. Das geht mit der Gerte. Im Regelfall genügt, es wenn Sie sie anlegen

Sie halten die Gerte, je nachdem auf welcher Hand Sie reiten, in der rechten oder linken Hand mit dem Zügel. Öffnen Sie die Zügelhand halb und legen Sie die Gerte auf den Zügel und auf den Zeigefinger. Die Hand schließt und der Daumen fixiert die Gerte. Um die Gerte einzusetzen, drehen Sie einfach leicht das Handgelenk, wobei möglichst kein Zug am Zügel erfolgen sollte.

Der Einsatz der Gerte ist bei Islandpferden besonders sinnvoll, um für den Tölt richtig zu treiben. Die treibende Hilfe kommt durch die Länge und die Flexibilität der Gerte dort an, wo sie gebraucht wird.

Aufwärmen

Bevor Sie losreiten, sollten Sie sich und Ihr Pferd aufwärmen. Wenn Pferde sich nicht oder nur wenig bewegen, rosten die Gelenke quasi ein. Das ist ziemlich wörtlich zu nehmen. Die Gelenkschmiere wird nur durch Bewegung gebildet. Keine Bewegung – keine Gelenkschmiere. Deswegen ist es besonders wichtig, das Pferd warmzureiten. Früher hieß es, man müsse Islandpferde vor dem Reiten nicht aufwärmen. Sie seien durch die Herdenhaltung ständig in Bewegung. Das stimmt nur bedingt. Natürlich bewegt sich ein Pferd mehr, wenn es nicht in einer Box steht. Diese Bewegung reicht aber meist nicht aus, um nach dem Aufsitzen sofort die Zügel vollständig aufzunehmen und das Pferd zu arbeiten. Da ist es wie bei Ihnen. Um gemütlich durch die Stadt zu schlendern, müssen Sie sich nicht aufwärmen. Wenn Sie aber ins Sportstudio gehen, wärmen Sie sich auf, bevor das Training beginnt, um Muskeln und Kreislauf auf die Belastung vorzubereiten. Genauso wärmen Sie bitte Ihr Pferd auf.

Im Regelfall beginnen Sie mit Schrittarbeit. Nach ein paar Runden machen Sie mit großen Biegungen weiter. Wenn Sie das Gefühl haben, dass Ihr Pferd sich sozusagen einläuft, nehmen Sie die Zügel schrittweise auf und machen mit kleineren Biegungen weiter.

Die Gangarten

Für Einsteiger sind die unterschiedlichen Gangarten des Islandpferds mit dem bloßen Auge oft kaum zu unterscheiden. Wenn Sie Pferde schon lange mögen, werden Sie die Grundgangarten Schritt, Trab und Galopp erkennen. Beim Islandpferd kommen aber noch die zwei zusätzlichen Gänge Tölt und Pass dazu, denn das Islandpferd gehört zu den sogenannten Gangpferden.

Das Reiten der verschiedenen Gangarten ist deshalb beim Islandpferd sehr viel anspruchsvoller als beim dreigängigen Pferd. Wenn Sie beispielsweise einen Haflinger oder einen Hannoveraner antraben wollen, kommt normalerweise auch der Trab. Beim Gangpferd hingegen könnte das Pferd Trab, Tölt oder Pass anbieten. Beim Islandpferd müssen Sie die Gänge je nach Veranlagung sauber herausreiten, sonst gibt es Taktfehler.

Nicht nur Islandpferde können die Spezialgänge Tölt und Rennpass. Es gibt viele Pferderassen, die tölten können. Bei einigen wurde es systematisch als unerwünscht weggezüchtet, bei anderen, wie zum Beispiel dem Mangalarga Marchador, wird es auch heute noch gepflegt. Es gibt auch kleinere Gangpferderassen vom südamerikanischen Kontinent wie den Paso Fino oder den Paso Peruano, um nur einige zu nennen. In jüngerer Zeit ist noch eine neue Gangpferderasse entstanden. Walter Feldmann, einer der Pioniere in der Islandpferdeszene, wollte die besten Eigenschaften zweier Gangpferderassen verbinden. Im Jahr 1981 wurde die neue Rasse anerkannt: der Aegidienberger, eine Kreuzung aus Islandpferd (5/8) und Paso Peruano (3/8).

Schritt

Der Schritt sollte wie, alle anderen Gangarten auch, aktiv geritten werden. Ein guter Schritt ist die Voraussetzung für ein gut zu reitendes Pferd.

Stellen Sie sich vor, Sie gehen spazieren. Sie machen lange, entspannte Schritte, ohne auf Ihre Körperhaltung zu achten. Sie schlendern. Das ist beim Pferd der nicht aktiv gerittene Schritt. Das Pferd geht – wie Sie selbst – nicht in Haltung. Es trägt weder sein eigenes Gewicht noch das des Reiters und fällt auf die Vorhand. Ein Pferd, das weder eigene noch das Reitergewicht trägt, tritt mit der Hinterhand nicht unter und kann mit dem Rücken nicht schwingen.

Jetzt stellen Sie sich vor, Sie möchten sich jemandem präsentieren. Egal ob Sie sich als Model versuchen oder ob Sie einfach jemand anderem gefallen wollen. Sie wollen mit Ihrem Gang ausdrücken, dass Sie selbstbewusst und unabhängig sind. Sie machen lange, gleichmäßige Schritte mit geradem Rücken und erhobenem Kinn. Sie gehen königlich. Früher hätte man Ihnen ein Buch auf den Kopf gelegt, damit Sie ordentliche Haltung annehmen. Im Reiten hören Sie häufig: Sei eine stolze Spanierin. Das trifft es schon ganz gut. Diese Art zu gehen entspricht einem Pferd, das aktiv geritten in schöner Haltung schreitet.

Trab
Was ist Trab?

Beim Trab setzt das Pferd nicht mehr jeden Fuß einzeln, sondern es hebt immer zwei gleichzeitig, aber

Schritt am Zügel.

69

Warum ist das Islandpferd so bequem?

Die Schrittfrequenz ist bei Großpferden circa 80 bis 90 Schritte in der Minute, bei Isländern sind es etwa 100 bis 120 Schritte. Ein mäßig trainierter Mensch hat ebenfalls eine Schrittfrequenz von 100 bis 120 Schritten je Minute. Die Frequenzen von Islandpferd und Mensch sind sich also sehr ähnlich. Deswegen wird das Reiten als angenehmer empfunden als beim Großpferd. Großpferdereiter empfinden es zunächst als sehr befremdlich, gewöhnen sich aber in wenigen Minuten daran.

nicht gleichseitig, sondern diagonal. Das ist ein ganz normaler Bewegungsablauf, den Sie auch beim Laufen oder Joggen durchführen. Sie schwingen die Arme immer gegensätzlich zum Bein. Dadurch bleiben Sie im Gleichgewicht, genau wie das Pferd. Das macht der Körper ganz allein.

Bei dieser Gangart gibt es eine Schwebephase. Die beiden sich diagonal gegenüberliegenden Beine stoßen vom Boden ab und kurz bevor sie wieder aufsetzen, geht bereits das andere Beinpaar in die Höhe. Bei einer gut gerittenen Dressur bekommt man den Eindruck, dass das Pferd tanzt.

Der Unterschied vom Trab zum Pass ist theoretisch gering. Auch beim Pass hebt das Pferd zwei Beine gleichzeitig an und wechselt die Beinpaare. Der Unterschied besteht darin, dass es gleichseitige Beinpaare sind. Es nimmt immer das linke Vorder- und das linke Hinterbein gleichzeitig hoch und fällt quasi von der linken auf die rechte Seite. Beim Renn-

oder Speedpass ist das gewünscht und zwischen dem Wechsel gibt es eine Schwebephase.

Was müssen Sie tun, um anzutraben? Sie reiten im Schritt und signalisieren Ihrem Pferd über ein kleines Zügelsignal, eine Parade: Achtung, jetzt kommt was. Dann verlagern Sie ihr Gewicht ein klein wenig (einige Reitlehrer sagen, man soll sich drei Zentimeter vorstellen) nach vorn. Zu Beginn Ihrer reiterlichen Karriere lehnen oder beugen Sie sich ein wenig nach vorn, wie ein Stehaufmännchen vor den Schwerpunkt. Das Pferd erkennt die Verlagerung Ihres Gewichtes und deutet das als so genannte »treibende Hilfe«. Gleichzeitig treiben Sie mit den Unterschenkeln. Sollte das Treiben mit den Schenkeln nicht genügen, nehmen Sie zur Unterstützung die Gerte. Wenn das Pferd Ihre Hilfen annimmt, beginnt es zu traben. Geben Sie diese Hilfen nur, wenn Ihr Pferd den Kopf unten hat. Wenn aus Ihrer Perspektive der Hals Ihres Pferdes deutlich nach oben geht, trägt es den Kopf zu hoch. Es macht ein Hohlkreuz und es ist ihm kaum möglich, in den Trab zu kommen. Es wird aus der Not eher in den Tölt oder Pass fallen.

Ihr Pferd hat also Ihre Hilfen angenommen und trabt. Dies ist meistens die unbequemste Gangart, die ein Islandpferd anbietet. Sie können ganz schön durchgeschüttelt werden. Aber Sie können es sich und Ihrem Pferd leichter und bequemer machen, denn es gibt mehrere Möglichkeiten für Sie, zu traben.

Aussitzen

Wenn Sie im Trab im Sattel sitzen bleiben, nennt man das aussitzen. Das ist für Sie am unbequemsten und wird auf Islandpferden nur selten geritten. Wenn Sie aussitzen wollen, stellen Sie sich vor, dass auf Ihrem Sattel ein 100-Euro-Schein liegt, auf dem Sie sitzen. Wenn Sie Ihr Gesäß den Sattel verlässt, ist er weg.

Leichttraben ist für Einsteiger leichter als Aussitzen.

Bei Dressurveranstaltungen sind manchmal Reiter zu sehen, deren Kopf stark auf und ab wippt. Da fliegt zwar der Geldschein nicht weg, es ist aber meist ein Zeichen für ein zu festes Becken. Je lockerer das Becken und je weicher es mitschwingt, desto weniger starr und trotzdem stabil ist der Oberkörper. Diese Harmonie von Spannung und Entspannung ist das A und O beim Reiten.

Sie werden, vor allem am Anfang, meist leichttraben (siehe unten) und nur in kurzen Reprisen aussitzen. Wichtig ist das Aussitzen vor dem Angaloppieren, da Sie so die Hilfen besser koordinieren und die Hinterbeine des Pferdes aktivieren können.

Leichttraben

Beim Leichttraben nehmen Sie den Rhythmus des Pferdes auf. Sie lassen sich bei jedem zweiten Schritt von der Energie des Pferderückens in die Höhe heben. Man könnte sagen, Sie stehen auf. Schieben Sie sich dabei mehr nach oben als nach vorn. Es ist ganz einfach: Lassen Sie sich nur gerade in die Höhe heben. Und wenn es beim nächsten Schritt zurück in den Sattel geht, dann denken Sie daran, dass Sie sich nicht hinsetzen und ausruhen wollen. Sie berühren den Sattel nur kurz und leicht, als würden rohe Eier darauf liegen, die bei zu viel Gewicht kaputt gehen. Damit die Beine nicht schlackern, liegen die Knie ruhig an. Das Aufstehen muss erfolgen, wenn inneres Hinterbein und äußeres Vorderbein nach vorn gehen. Auf diese Weise unterstützen Sie Ihr Pferd auf der Kreisbahn. Das innere Hinterbein kann frei vorschwingen. Über den Rhythmus beim Aufstehen können Sie das Tempo mit beeinflussen. Wenn Sie eilig und hektisch aufstehen, wird auch Ihr Pferd eilig und hektisch. Besinnen Sie sich auf Ihren Atem, entspannen Sie Ihren Körper und gehen Sie

Die Reiterin steht auf, das innere Vorderbein ist hinten, das äußere vorn. Sie trabt »auf dem richtigen Fuß«.

bewusst in ruhigem, langsamerem Tempo auf und ab. Falls Ihre Schultern wackeln wie bei einer Schlenkerpuppe, drehen Sie sich leicht im Becken und schauen Sie, was es rechts oder links zu sehen gibt. Ihr Oberkörper bekommt eine bessere Stabilität, ohne dass das Becken seine Weichheit verliert.

Trab und Tölt – Optische Hilfe für Einsteiger

Wenn Sie eine Töltreiterin mit Zopf beobachten, werden Sie sehen, dass die Haare locker auf dem Rücken liegen bleiben. Der Zopf fächert sich ein klein wenig auf, wippt aber nicht auf und ab. Wenn

Sie dieselbe Reiterin nun beim Trab beobachten, sehen Sie den Unterschied sofort. Dadurch, dass das Pferd im Trab zwei Beine immer diagonal gleichzeitig aufsetzt (diagonale Zweibeinstütze, jeweils unterbrochen durch eine Schwebephase), schwingt der Rücken im Zweitakt auf und ab, hoch und runter. Das bringt wesentlich mehr Bewegung und die Reiterin sitzt eher holprig.

Wenn man einem trabenden Pferd hinterher sieht, bewegt sich der Schweif des Pferdes wellenartig nach links und rechts. Im Tölt ist der Schweif ebenfalls in Wellenbewegungen, aber diese gehen auf und ab.

Tölt

Was ist Tölt?

In den gängigen Reitlehren finden Sie meist sehr ausführliche theoretische Erläuterungen, wie beispielsweise die Phasenfolge im Tölt ist. Als Einsteiger fehlt hierfür oft das Verständnis. Und müssen wir wirklich wissen, wann das Pferd eine Einbeinstütze hinten rechts, eine laterale Zweibeinstütze oder eine diagonale Zweibeinstütze zeigt? Wir wollen tölten.

An dieser Stelle können Sie wieder Ihre eigene Wahrnehmung zur Hilfe nehmen. Wenn es auch sachlich nicht ganz richtig ist, kann man sagen, dass der Tölt sehr einem schnellen Schritt ähnelt. Dadurch, dass es keine Schwebephase wie beim Trab oder Galopp gibt, ist es eine Gangart, die den Pferderücken nur leicht bewegt. Ihr Körper wird sanft in Bewegung gesetzt, was sich bei einem sehr guten Tölter anfühlt wie ein Massagesessel.

Wenn Sie fühlen möchten, wie ein Tölt geritten wird, gehen Sie in Ihren aktiven Schritt (siehe Kapitel Schritt). Gehen Sie wieder in Haltung, verkürzen Ihre Schrittlänge, schieben das Becken ein wenig vor, drücken Ihre Brust raus, nehmen die Schultern zurück und steigern das Tempo. Ihr Hals ist lang, gerade und entspannt. Die Arme sind leicht angewinkelt, Ihr Körper befindet sich in gleichmäßiger Spannung. Aus Ihrem schönen präsentierenden Schritt ist ein verkürzter, kontrollierter schneller Schritt mit hoher Körperspannung geworden. Sie tölten selbst! Spüren Sie Ihren Körper. Sie werden merken, dass der Körper zwar in Bewegung und Aktion ist, der Kopf aber ist ganz ruhig.

Als Anfänger kann man den Tölt mit den Augen vielleicht nicht erkennen, aber man kann ihn hören. Das können Sie so ausprobieren: Bitten Sie einen Islandpferdereiter, auf einer möglichst asphaltierten Strecke einmal auf und ab zu tölten. Zunächst schauen Sie sich an, wie die Beine des Pferdes gesetzt werden. Dann bitten Sie den Reiter noch einmal zu reiten. Diesmal schließen Sie die Augen und hören nur zu. Ein taktklar gerittener Tölt klingt in allen Tempi wie tikke-takke-tikke-takke oder BlackundDecker BlackundDecker.

Taktfehler

Klingt der Tölt nicht so wie oben beschrieben, handelt es sich um eine Taktverschiebung. Sie kann viele Ursachen haben: Ihr Isi hat zu wenige Muskeln, er hat nie Tölt gelernt, hat zu wenig oder zu viel Körperspannung, ist zu dick, hat Schmerzen, der Sattel passt nicht und so weiter.

Wenn Sie gesundheitliche Probleme ausschließen konnten, beginnt Ihre Arbeit. Der häufigste Taktfehler ist der so genannte Schweinepass, von einigen etwas liebevoller als Reisepass bezeichnet. Die Pferde fußen nahezu gleichzeitig gleichseitig auf. Sie fallen von einer auf die andere Seite, wie Kamele. (Eigentlich müsste dieser Taktfehler Kamel- und nicht Schweinepass heißen.) Diese Pferde müssen mit viel Fantasie geritten werden. Während des Reitens müssen Sie Ihrem Islandpferd immer wieder neue Variationen anbieten. Es darf sich nicht »ein-

Tölt mit einer Stute, die vor Energie bersten möchte.

nudeln« oder im Körper festmachen. Sie können Ihrem Isi helfen, den Tölt zu finden, indem Sie das Von-rechts-nach-links-Fallen durch Biegungen oder durch Gewichtsverlagerungen unterbrechen. Beispielsweise schwanken Sie im Sattel einfach mal hin und her. Das bringt Ihr Pferd aus dem passigen Gleichgewicht. Es kommt besser in den Tölt. Oder Sie geben kleine Paraden und lassen Ihr Pferd einige Schritte nach rechts und dann mal nach links schauen, ohne jedoch den Zügel grob durchs Maul zu ziehen.

Sie können auch Pylonen oder andere Hilfsmittel in der Mitte einer längeren Geraden aufbauen, zum Beispiel auf der langen Seite der Ovalbahn oder in der Mitte der Reithalle. Die Abstände sollten nicht zu kurz sein, damit Sie Zeit genug haben, Ihr Pferd in die richtige Stellung zu bringen. Dann tölten Sie in sanften Bögen um die Pylonen herum. Die abwechselnde Biegung im Pferdekörper gymnastiziert.

Durch die Verkürzung der Schrittlänge in der Biegung muss Ihr Pferd das Gewicht anders aufnehmen. So wird der Pass »gebrochen«.

Leider ist keine Übung die einzig wahre. Es gibt Pferde, die so beweglich sind, dass sie ganz lässig jede Biegung machen und trotzdem weiterpassen. Dann müssen andere Lösungsansätze gesucht werden. In Ihren Reitstunden werden Sie dazu vieles ausprobieren und lernen.

Es gibt Pferde, bei denen der Reiter beim Schweinepass den Eindruck hat, auf einem trabenden Pferd zu sitzen. Genau wie beim Trab ist der Schweinepass ein Zweitakt. Beim Trab fußen die Pferde diagonal gleichzeitig auf und der Reiter wird gerade in die Höhe gehoben. Beim Schweinepass fußen die Beine gleichzeitig und gleichseitig auf, der Reiter kippt eher nach rechts und links. Bei einigen Pferden ist das sehr deutlich zu spüren, andere bringen im Trab so wenig Energie, dass etwas Erfahrung dazu gehört, den Pass vom Trab zu unterscheiden. Geübten Reitern, Sportreitern oder Trainern geschieht dies natürlich nicht. Sie fühlen den Unterschied. Und mit entsprechendem Training und unterschiedlichen Pferden sind auch Sie bald so weit, die Unterschiede festzustellen.

Einige Islandpferde zeigen diesen Taktfehler sogar im Schritt. Das bedeutet viel Arbeit für den Reiter. In langsamerem Tempo ist Pass ein Taktfehler. Im Renntempo ist es eine Turnierprüfung, die sich Renn- oder Speedpass nennt. In diesem Tempo fällt das Pferd nicht von dem linken auf das rechte Beinpaar. Es ist so schnell, dass sich zwischen dem Auffußen eine Schwebephase befindet.

Tölt – Reiten wie auf Wolken

Töltende Pferde gab es im Mittelalter sehr viel. In den alten Geschichten werden sie meist Zelter genannt. Die Ritter legten lange Strecken im bequemen Tölt zurück. Waren sie kurz vor Sichtweite der

Auffußen

Dass die Beine gleichzeitig auffußen, ist nicht ganz wörtlich zu nehmen. Es gibt eine geringe zeitliche Verzögerung, die für das Auge nicht sichtbar ist. Sie ist nur auf Film- oder Fotoaufnahmen zu sehen.

Burg, wurde die Rüstung angelegt und sie wurden auf imposante Schlachtrösser gehoben und ritten gemessenen Schrittes und sehr eindrucksvoll über die Zugbrücke.

Sprudelnder Tölt kommt nur selten von allein. Je nach Pferdeveranlagung muss das reiterliche Können mehr oder weniger ausgeprägt sein. Wenn man dann auch noch ein wenig Training hineinsteckt, Dressur reitet und gezielt arbeitet, freut man sich über das Ergebnis besonders. Trotzdem wünscht sich nahezu jeder Freizeitreiter einen Naturtölter. Sie sind besonders leicht zu tölten und man muss wenig arbeiten, um den Gang zu erhalten. Sie werden auch gern Nähmaschinentölter genannt, weil die Beine fleißig und gleichmäßig wie bei einer Nähmaschine auf und ab gehen. Meist ist die Vorhandaktion eher gering, das heißt die Vorderbeine fußen eher flach.

Islandpferde mögen für den Tölt eher festen Bogen; im Idealfall federt er ein wenig. Tiefer Sandboden, wie man ihn in vielen Reithallen findet, ist für den Tölt so anstrengend wie für uns am Strand zu joggen. Asphalt federt gar nicht. Da wird die Energie des Tempos in den Gelenken aufgefangen, was die Gelenke auf Dauer krank macht.

Wie lange kann ein Islandpferd tölten?

Das ist ein Frage die ganz einfach zu beantworten

Tölt – Reiten wie auf Wolken.

ist: So lang, bis es müde ist. Es liegt völlig am Pferd, wie lange Sie damit tölten können. Ein trainierter Naturtölter kann in einfachem Gelände stundenlang tölten. Wenn Sie eine Reittour in Island machen, werden die Pferde je nach Schwierigkeit des Geländes alle ein bis zwei Stunden gewechselt. Nicht weil die Pferde dann nicht mehr könnten, sondern damit sie für die ganze Urlaubszeit frisch bleiben. Sie werden ja tagelang laufen müssen. Ein junges Pferd, das noch nicht lange im Training ist, können Sie nur kurze Zeitspannen tölten. Wenn Sie mit Ihrem Freizeitpferd eine Stunde oder länger im Gelände tölten möchten, dann geht das. Aber Sie müssen sich immer vergewissern, ob der Trainingszustand Ihres Pferdes ausreicht. Wenn Sie selbst täglich zehn Kilometer jog-

gen gehen, könnten Sie trotzdem nicht sofort einen Marathon laufen.

Aus welcher Gangart tölten Sie an?

Auch hier ist alles möglich! Tölt ist, wie der Trab, nach dem Schritt die nächstschnellere Gangart, also treiben Anfänger meist aus dem Schritt in den Tölt. Sie können auch aus dem Stand antölten. Dies wird oft im Training gemacht: Schritt gehen, zum Halt durchparieren und die Zügel ein klein wenig mehr aufnehmen. Wieder Schritt gehen und wieder zum Halt durchparieren. Das nennt man auch Schritt verkürzen. Bei jedem Halt greifen Sie die Zügel etwas kürzer. Achten Sie darauf, dass Sie die Hände nicht zu hoch nehmen. Beim Schrittverkürzen bekommt Ihr Pferd eine

Die beiden tölten bis ans Ende der Welt.

höhere Körperspannung. Die benötigen Sie, um anzutölten. Wenn Sie nun antölten möchten, geben Sie leichte Paraden, so dass Ihr Pferd den Kopf ein wenig (!) höher nimmt. Wie hoch es den Kopf nimmt, ist abhängig vom Gebäude Ihres Islandpferdes. Treiben Sie mit etwas mehr Energie als zum Schritt. Sie können gern die Stimme dazu nehmen. Viele Pferde lassen sich sehr gut über die Stimme beeinflussen.

Sie können auch aus dem Trab heraus tölten: Sie traben, setzen sich hin, lehnen sich ein wenig zurück, geben mit dem Zügel eine Parade, sodass Ihr Pferd aus der eher tiefen in eine höhere Haltung kommt und tölten.

Aus dem Galopp geht es auch. Für Pferde, die verspannt sind, ist es aus dem Galopp oft wesentlich einfacher zu tölten: Sie galoppieren eine Strecke, setzen sich dann richtig hin, nehmen etwas Tempo raus, Parade mit dem Zügel und genießen den Tölt.

Galopp

Galopp ist eine gesprungene Gangart. Reitanfänger haben meist viel Respekt vor dem Galopp, viele haben sogar Angst. Es scheint, dass in ihrem Hinterkopf ein Film abläuft, den nur sie kennen. Wenn der Reitlehrer in den ersten Reitstunden Galopp ankündigt, sieht man oft in erschreckte Gesichter. Diese Reiter werden blass, halten die Luft an und lehnen den Galopp zunächst strikt ab. Doch eigentlich gibt es keinen Grund, vor dem Galopp Angst zu haben. Kein Pferd galoppiert grundlos los und hört nicht mehr auf. Das ist viel zu anstrengend und Pferde sind eher ökonomische Tiere! Islandpferde haben, im Gegensatz zu anderen Pferderassen, einen eher gelaufenen Galopp. Fachleute wünschen sich einen gesprungenen Galopp, bei dem die

Schöner gesprungener Galopp ist beim Islandpferd nicht die Regel.

Hinterhand mehr Last aufnimmt. Über den verfügen nicht viele Islandpferde. Das ist ein Grund, warum Sie selten Voltigier-Islandpferde sehen. Der Galopp ist zu flach. Für Sie ist der gelaufene Galopp ein Vorteil, weil er meist sehr bequem ist.

Wie geht die Galopphilfe?

Zu Beginn Ihres Reiterlebens machen Sie in aller Ruhe einen Schritt, das heißt eine Hilfe, nach dem anderen. Überfallen Sie Ihr Pferd nicht mit Aktionismus. Das ist gerade beim Galopp immer wieder ein Thema und passiert den meisten Anfängern.

Im Unterricht reiten Sie meist auf einer ovalen Kreislinie. Das heißt, es gibt zwei kurze und zwei lange Seiten. Am Ende einer langen Seite ist die erste Kurve, dann kommt die kurze Seite, dann die zweite Kurve, die nächste lange Seite und so weiter.

Sie möchten nun angaloppieren. Im Regelfall galoppieren Sie aus dem Trab an. Wenn Sie vorher leichtgetrabt sind, sitzen Sie nun direkt nach der ersten Kurve aus und bereiten sich und Ihr Pferd auf den Galopp vor. Während Sie das tun, schauen Sie schon zur zweiten Kurve. Direkt dahinter soll Ihr Pferd angaloppieren.

Wenn Sie es schon können, stellen Sie Ihr Pferd nach innen, das heißt geben Sie so lange auf einer Seite kleine Paraden, bis der Hals ein wenig in die gewünschte Richtung gebogen wird. Das Pferd blickt dort hin. Verlagern Sie Ihr Gewicht nach innen. Lassen Sie das innere Bein lang. Nehmen Sie den äußeren Schenkel ein wenig zurück. Lehnen Sie sich jetzt eine Idee nach vorne, ungefähr so weit, als würden Sie sich gegen starken Wind lehnen. Erfahrene Reiter werden jetzt vermutlich den Kopf schütteln, denn mit dieser Gewichtsverlagerung läuft das Pferd in den Galopp. Es springt nicht mit der Hinterhand an und trägt das Gewicht nicht korrekt. Bleiben Sie gelassen. Jeder fängt mal klein an. Zunächst ist Ihre Gewichtsverlagerung nach vorn für das Pferd entlastend. Sie stören es nicht in seinem Bewegungsablauf. Wenn Sie erst einmal ein Gefühl für den Galopp bekommen haben, Ihre Hilfen immer sicherer werden, kommt der Zeitpunkt, an dem Sie die Gangveranlagung Ihres Pferdes mit berücksichtigen müssen. Bei dem einen Pferd galoppieren Sie weiterhin eher entlastend an. Bei dem anderen setzen Sie sich tief in den Sattel und lehnen sich beim Angaloppieren eher zurück.

Gleichzeitig gehen Sie mit der inneren Hand weit vor. Bei den ersten Malen können Sie den Zügel richtig durchhängen lassen. Später, wenn Sie sicherer und erfahrener sind, soll die Verbindung zum Pferdemaul auf der inneren Hand leicht sein. Man nennt das in diesem Zusammenhang auch dem Pferd die Schulter freigeben. Und nicht vergessen: Atmen Sie bitte weiter.

Der äußere Zügel bleibt auf Kontakt, gibt Ihrem Isi Orientierung und verhindert vor allen Dingen, dass er in die Mitte läuft. Ihr Blick richtet sich mittlerweile an das Ende der langen Seite. Sehen Sie immer dahin, wohin Sie reiten wollen. Wenn Ihr Blick in der Kurve bleibt, wird Ihr Pferd genau dort stehen bleiben. Nun treiben Sie mit dem inneren Bein. Wenn Sie überzeugt genug von Ihrer Aufgabe waren und Ihr Isi wunschgemäß in den Galopp fällt, setzen Sie sich richtig in den Sattel und gehen mit dem Oberkörper ein wenig nach hinten. Bleiben Sie mit dem Gesäß im Sattel und schwingen weich im Becken mit der Bewegung mit.

Loslassen

Sind Sie verkrampft? Atmen Sie aus, lassen Sie die Anspannung los. Fühlen Sie, wie Ihr Pferd sich unter Ihnen anfühlt. Schenken Sie ihm Ruhe oder geben Sie Stress nach unten? So wie Sie irgendwann im Straßenverkehr bestimmte Dinge ganz unbewusst einfach beachten oder tun, so werden Sie dies auch beim Reiten machen. Meist dauert es nicht so lange, wie man in den ersten Reitstunden denkt.

Denken Sie an Ihren Blick und treiben Sie nach. Die treibenden Hilfen sind die gleichen wie beim Angaloppieren. Das innere Bein treibt, das äußere Bein liegt ein wenig zurück. Mit den Zügeln sollten Sie eine klare Verbindung zum Pferdemaul haben und ähnlich wie beim Schritt mit der Hand mitgehen. Sie werden erleben: Das macht Spaß. Sie werden sich fragen, warum Sie überhaupt Angst hatten. Eigentlich müsste man doch nur galoppieren. Je trainierter Sie und Ihr Pferd später sind, desto fließender werden Ihre Hilfen und desto weniger Zeit brauchen Sie dafür.

Galoppfehler

Üblicherweise werden Sie das erste Mal in der Halle, auf einem Viereck oder der Ovalbahn galoppieren. Das heißt, Sie werden Kurven reiten. In dem Moment, in dem Sie Kurven reiten, gibt es die innere und äußere Hand und damit Innen- und Außengalopp (oder auch Links- oder Rechtsgalopp). Im Innengalopp holt Ihr Pferd mit dem inneren Vorderbein weit nach vorne aus. Die Hinterbeine treten weit unter den Körper und stoßen das Pferd

Das ist die Freude am Galopp: Skuggi springt gut unter, die Reiterin entlastet deutlich.

wieder nach vorn. Dadurch, dass Ihr Pferd sich in der Kurve biegen muss, muss es die Gewichts-, beziehungsweise die Lastaufnahme mit dem inneren Bein machen. Ihr Pferd holt mit dem inneren Vorderbein weiter als mit dem äußeren aus. Der Pferdekörper biegt sich. Wenn das Pferd hingegen im Außengalopp ist, ist der Pferdeköper gegen die Kurve gebogen. Es ist nicht im Gleichgewicht und muss diese Disharmonie anders ausgleichen. Es wird im Rücken fest und auf Dauer verschlechtern sich die Gänge. Für Sie wird es unbequem.

Sie können sehr schnell sehen, ob Sie im Innen- oder Außengalopp sind. Ein Blick nach unten genügt, auch beim Anfänger: Im Innengalopp greift das innere Bein weiter vor.

Reiten Sie auf einer langen Gerade, können Sie links oder rechts angaloppieren. Das macht keinen Unterschied. Abwechselnd auf beiden Händen angaloppieren gymnastiziert und ist eine lösende Übung für Ihr Pferd. Außerdem trainiert es die Hinterhand.

Galopp ist in Island auf Ausritten übrigens eine Gangart, die üblicherweise nicht geritten wird. Je nach Untergrund wird im Schritt, im Tölt oder im Trab geritten, immer fest im Sattel sitzend.

Pass

Für Anfänger ist der Pass nur als Zuschauer interessant. Renn- oder auch Speedpass erfordert ein gewisses reiterliches Können. Sie müssen schnell reiten können und wollen. Die Pferdebeine fußen wie beim »Reisepass« gleichseitig und gleichzeitig auf. Der Unterschied ist, dass es dazwischen eine Flugphase gibt. Die Geschwindigkeit kann bis zu 45 Stundenkilometer betragen. Das alles funktioniert nur auf der geraden Passbahn. In der Kurve würde das Pferd umfallen. Der Schweine- oder Reisepass ist eine unerwünschte Gangart (siehe Taktfehler Tölt, S. 73).

> ## Tipp!
>
> *Egal, ob Sie allein auf Ihrem eigenen Pferd üben oder in der Reitstunde sind. Suchen Sie sich in der Reithalle, dem Viereck oder der Ovalbahn einen Punkt, der Ihr Orientierungspunkt wird.*
> *Immer wenn Sie dort vorbeikommen, überprüfen Sie sich und Ihre Körperhaltung. Liegen die Beine richtig? Ist das Becken locker, ohne zu schieben? Der Rücken und die Schultern gerade? Sind die Schultern verkrampft oder hochgezogen? Sind die Hände ruhig? Ist die Zügelhand geschlossen und aufrecht? Atmen Sie?*

Verschiedene Arten der Gangveranlagung

Bei Islandpferden finden Sie nahezu jede Gangveranlagung und Gangkombination. Die meisten Pferderassen haben nur die drei Grundgangarten. Dies ist angezüchtet und vermutlich darauf zurückzuführen, leichter reitbare Pferde zu erhalten. Jede Gangart erfordert einen anderen Bewegungsablauf des Reiters, der erlernt werden muss. Pferde wurden viel vom Militär eingesetzt, egal ob für Paraden oder im Krieg. Sie mussten besonders stark bemuskelt sein. Sieht man sich ein Schlachtross an, kann man sich leicht vorstellen, dass die flüssige Beweglichkeit, die für den Tölt nötig ist, hier nicht vorhanden sein kann.

Es gibt Islandpferde, die aus sehr guten Zuchtlinien kommen. Sie haben töltende Eltern und auch die Vollgeschwister tölten. Nur sie selbst können keinen Tölt. Das ist sehr selten, kommt aber vor. Manche dieser Pferde können von Fachleuten mit sehr viel Erfahrung und extremen Hilfsmitteln eingetöltet werden. Das ist von Freizeitreitern nicht nachzureiten und – viel wichtiger – nicht pferdegerecht.

Sogenannte Dreigänger bieten Schritt und Galopp und alternativ Trab oder Tölt an. Von einem Viergänger sprechen wir, wenn es über die drei Grundgangarten und den Tölt verfügt. Fünfgänger haben zusätzlich den Rennpass.

In extrem seltenen Fällen gibt es Ein- oder Zweigänger. Diese Pferde können nur Tölt oder Schritt und Tölt gehen, den Tölt aber in jedem Tempo. Aber sie können weder traben noch galoppieren.

Hufschlagfiguren und Bahnregeln

Egal, ob Sie nur unter Anleitung des Reitlehrers oder schon eigenverantwortlich reiten dürfen, in der Reithalle oder auf dem Dressurviereck gibt es

Rechte Hand, linke Hand und Vorfahrt

Wenn Sie auf der Kreisbahn reiten und die Mitte der Halle oder des Dressurvierecks links von Ihnen liegt, reiten Sie auf der linken Hand. Links ist die innere Hand. Reiten Sie rechts herum, sind Sie auf der rechten Hand. Sie werden im Sattel öfter mal rechts und links verwechseln, innen und außen. Das Schwierige für Sie ist, dass die innere Hand mal links und mal rechts ist. Die Hand an der Bande ist immer die äußere Hand. Zu Beginn werden Sie viel ganze Bahn reiten. Sie bleiben außen an der Bande auf dem Hufschlag. Hier gilt die gleiche Regel wie im Straßenverkehr: Wenn Ihnen jemand entgegenreitet, kommt er auf Ihrer linken Seite an Ihnen vorbei.

Tipp!

Wenn Sie abwenden wollen, geben Sie Ihrem Pferd immer ungefähr eine Pferdelänge vor dem Punkt, an dem Sie abwenden wollen, die entsprechenden Hilfen und stellen es in die Reitrichtung.

Bahnregeln, bzw. Hufschlagfiguren. Das sind feste Begriffe, die das Training und das Miteinander erleichtern sollen. Sie sind im Reitunterricht, aber auch – wenn Sie fortgeschritten sind – in Turnierprüfungen wichtig. Nutzen Sie die dazu gehörigen Markierungspunkte für unterschiedliche Reitwege. Visieren und dann reiten Sie sie an. Reiten Sie nie Runde um Runde in der Halle oder auf der Bahn. Das ist für Sie beide langweilig und Sie verlieren auf Dauer den Spaß. Machen Sie Ihren Platz zu einem Spielplatz für Sie beide. Das geht – auch in der Reitstunde.

7

Es geht weiter

7. Es geht weiter

Im Gelände

Wer ein Islandpferd hat, will in der Regel mit seinem Pferd auch ausreiten. In vielen Bundesländern gibt es regionale Richtlinien, an die man sich halten muss. Überall gilt es jedoch, höflich und respektvoll miteinander umzugehen.

Beim Ausritt mit einer Gruppe gibt es einige ungeschriebene Regeln, die man beherzigen sollte, um den Ritt genießen zu können und um anderen Verkehrsteilnehmern nicht in die Quere zu kommen. Gerade im Gelände ist es besonders wichtig, sich rücksichtsvoll zu verhalten. Wenn Sie Fußgängern begegnen, parieren Sie zum Schritt durch und grüßen Sie. Wenn Sie sie überholen wollen, tun Sie dies mit Abstand und immer im Schritt. Reiten Sie in einer Reihe hintereinander her, wenn Autos, Fahrräder oder Spaziergänger an Ihnen vorbei möchten. Lächeln Sie und grüßen. Es gibt Menschen, die Angst haben. Und obwohl unsere Isländer sofort Sympathie bei unserem Gegenüber wecken, dürfen wir Reiter nie den Eindruck erwecken, wir würden auf dem sprichwörtlichen »hohen Ross« sitzen. Reiten macht Spaß, zeigen Sie es. Wecken Sie in den Fußgängern die Lust, selbst in den Sonnenuntergang reiten zu wollen.

Innerhalb einer Gruppe wird nie unangekündigt getöltet oder galoppiert! Wer gerade auf dem Pferd sitzt und sich die Nase putzt, möchte nicht mit einem plötzlichen Tempowechsel überrascht werden. Wenn das Tempo zurückgenommen wird zum Schritt, müssen zuerst die hinteren Reiter durchparieren, dann die vorderen. Andersherum würden die hinteren Reiter aufreiten – ähnlich wie bei einem Auffahrunfall auf der Autobahn. In einer großen Gruppe werden die Kommandos von hinten nach vorne, oder umgekehrt, weitergesagt und mit einem »angekommen« bestätigt.

> ### Tipp!
>
>
> *Ein Auto nähert sich der Gruppe von hinten. Die hinteren Reiter geben das Kommando: »Auto von hinten. Zu eins hintereinander.« Oder es kommt der Gruppe ein Radfahrer entgegen. Dann lautet das Kommando: »Fahrrad von vorn. Zu eins hintereinander.« Wenn die Ansage bei der letzter Person angekommen ist, lautet die Antwort: »Angekommen.«*

Gesetze

In den meisten Bundesländern ist das Tragen einer gebührenpflichtigen Reitplakette Pflicht. Von diesen Reitabgaben werden neue Reitwege finanziert oder entstandene Flurschäden bezahlt. Viele Geländereiter sind der Meinung, sie müssten nichts zahlen. Das ist ein sprichwörtliches Eigentor. Durch die gemeldeten Pferde wird der Bedarf an Reitwegen ermittelt. Die eingenommenen Reitabgaben werden entsprechend in der Region verteilt. Je weniger angemeldet sind, desto geringer scheint der Bedarf. Sie werden weiterhin keine Reitwege haben, ein flächendeckendes Netz rückt in weite Ferne.

In einigen Bundesländern dürfen Sie in der Erntezeit auf Stoppelfeldern reiten, in anderen ist es ver-

Vor allem in der Gruppe ist Rücksicht gegenüber den Mitreitern geboten.

boten. Informieren Sie sich unbedingt über die bei Ihnen gültigen Gesetze.

Der erste selbstständige Ausritt

Nachdem Sie bereits einige Reitstunden und auch viele geführte Ausritte hinter sich haben, ist es soweit: Ihr erster alleinverantwortlicher Ausritt steht an! Nur andere Reiter sind dabei. Kein Trainer. Niemand außer Ihnen hat die Verantwortung, in welche Richtung Sie reiten oder in welchem Tempo.

Niemand leitet Sie an oder erklärt Ihnen, was mit Ihrem Pferd gerade passiert. Sie werden sehen, es wird ein äußerst spannender Ritt. Sie werden diesen Ritt vermutlich nie vergessen. Die Aufregung und dieses besondere Kennenlernen werden Ihnen immer in Erinnerung bleiben. Vertrauen Sie sich und Ihrem Islandpferd. Genießen Sie den Ritt und nehmen Sie wahr, wie Ihr Pferd reagiert. Fliegt ein Fasan vor Ihnen auf? Nehmen Sie wahr, wie cool Ihr Pferd bleibt. Atmen Sie. Das ist das Allerwichtigste. Viel-

Nach einem Sommerritt gemeinsam zu schwimmen, schöner kann das Leben nicht sein.

leicht finden Sie ein Lied für sich und Ihr Pferd. Das klingt seltsam? Ist es nicht. Beim Singen, selbst wenn Sie aus Rücksicht auf Ihre Umwelt nur stumm in Ihrem Kopf singen, atmen Sie anders, tiefer und bewusster. Die aufgeregte Körperspannung, die Steifheit verschwindet. Damit sagen Sie Ihrem Pferd, dass alles in Ordnung ist und kein Grund zur Sorge besteht. Es nimmt sehr genau wahr, was mit Ihnen los ist. Es spiegelt Sie. Wenn Sie wie ein Flitzebogen auf dem Rücken sitzen, wird es davon

ausgehen, dass Sie Grund zur Aufregung haben und selbst gespannt wie ein Flitzebogen sein. Es wird darauf warten, dass etwas passiert. Wenn Sie selbst Ruhe und Sicherheit ausstrahlen, überträgt sich das auch auf das Pferd.

Wenn Sie auf Ihrem Ritt an einen See oder Fluss kommen, geht Ihr Pferd sicher mit Begeisterung mit Ihnen hinein. Isis sind gern im Wasser. Im Sommer ist es das Schönste, auf dem Pferd in einen See oder

Tümpel zu reiten und sich nassspritzen zu lassen. Versuchen Sie es.

Trolle

Es gibt Islandpferde, die mehr sehen als andere. Und sie kennen sich aus. Sie reiten in vertrautem Gelände und freuen sich des Lebens. Und plötzlich macht Ihr Pferd einen Hüpfer zur Seite und bleibt stehen. Oder es steht an einer Weggabelung und möchte auf keinen Fall nach links, sondern lieber nach rechts. Dann könnte es sein, dass es einen dieser gefährlichen Islandpferde fressenden Trolle gesehen hat. Nur auserwählte Islandpferde können sie sehen. Wenn Sie selbst genau hingesehen haben, könnte es sein, dass es sich um einen abgebrochenen Ast handelt oder etwas Müll, der am Vortag noch nicht da war. Vielleicht aber auch um einen Troll. Lachen Sie Ihr Pferd ruhig aus und sagen ihm, dass Sie doch dabei sind. Dann kann kein Troll was machen! Das hilft.

Das erste eigene Pferd

Sie haben nun erfolgreich einige Reitstunden hinter sich und möchten mehr als nur unter Anleitung ein Mal in der Woche auf einem Schulpferd reiten. Es gibt zwei Möglichkeiten: Sie kaufen sich ein eigenes Pferd, über das Sie so verfügen können, wie Sie möchten, oder Sie werden Reitbeteiligung.

Es gibt verschiedene Wege, an ein eigenes Pferd zu kommen. Entweder Sie haben sich in Ihr Schulpferd verliebt und fühlen sich so wohl auf ihm oder ihr, dass Sie es für sich allein kaufen. Oder Sie gehen ganz strukturiert an die Sache heran. Sie besprechen sich mit einer Person Ihres Vertrauens und überlegen gemeinsam, was passend für Sie wäre. Sie lassen sich beraten, ob Sie lieber eine Stute oder einen Wallach kaufen sollten. (Klugerweise fragen

Das geht uns nichts an!

Islandpferde haben seit mehreren 1000 Jahren keine natürlichen Feinde, gegen die sie sich wehren mussten. Sie konnten lernen, dass Stehenbleiben und Hinsehen ungefährlicher ist als wegzurennen. Ihr Fluchtreflex scheint deutlich geringer als bei vielen anderen Pferderassen. Sie neigen in Schrecksituationen eher dazu, stehen zu bleiben oder einen Hüpfer zur Seite zu machen, um sich die Situation dann anzusehen. Natürlich gibt es auch Islandpferde, die vor Schreck losrennen, das ist aber eher selten. Haben Sie als Reiter selbst Angst vor einer bestimmten Situation, sehen Sie sich die Sache an und entscheiden Sie: »Das geht uns nichts an!« Sie können diese Dinge wie bellende Hunde, Heißluftballons, flatternde Planen bemerken. Aber entscheiden Sie: Es geht Sie nichts an! Blicken Sie wieder da hin, wohin Sie wollen und reiten Sie weiter. Ihr Pferd trägt diese Entscheidung mit.

Sie nicht nach einem Hengst, denn einen Hengst können Privatpersonen selten artgerecht halten.) Sie rechnen nach, wie alt Ihr Pferd sein sollte, damit Sie auch lange zusammen sein können. Und Sie kommen auf eine Formel, die Ihnen perfekt erscheint. Damit gehen Sie zu Anbietern, die Ihnen von anderen empfohlen werden oder Sie schauen in der Zeitung oder der Online-Börse.

Dann passiert etwas Seltsames: Sie suchen, sehr gut überlegt, einen zehn- bis zwölfjährigen Fuchswallach und kaufen plötzlich eine sechsjährige Rappstute. Wie geht das? Meist ist es einfach Liebe.

*Einen Schimmel hatten Sie eigentlich
nicht gesucht, aber diese Augen …*

Sie gehen an einem Paddock vorbei und aus der Herde schaut Sie ein Paar dunkelbraune Augen so süß und klug an, dass Sie nicht anders können. Sie probieren sie aus und auch wenn die kleine Rappstute etwas schneller ist, als Sie sich zutrauen, fühlen Sie sich wohl. Und das war es dann. Sie haben ein Islandpferd.

Haben Sie Ihr Pferd erst einmal gekauft, werden Sie es in den meisten Fällen nie wieder zurückgeben wollen. Es gehört zu Ihnen. Deswegen ist es besonders wichtig, vor dem Kauf eine Ankaufsuntersuchung von einem Tierarzt machen zu lassen. Schließen Sie gesundheitliche Mängel Ihres Pferdes möglichst aus. Sie wollen ja später reiten und nicht nur mit einem Pferd am Strick spazieren gehen. Die Kosten für die Untersuchung übernimmt oft der Verkäufer; das ist aber Verhandlungssache. Haben Sie ein Pferd gekauft und es erfüllt die angegebenen Voraussetzungen nicht, hat beispielsweise bestimmte Krankheiten, ist als Freizeitpferd nicht reitbar oder Ähnliches, muss es der Pferdehändler zurück nehmen. Aber das wird selten gemacht. Sie sind emotional schon zu sehr mit Ihrem Faxi oder Ihrer Faxa verbunden.

Wenn Sie nicht gerade sehr vermögend sind, überlegen Sie es sich bitte in so einem Fall trotzdem. Sie setzen es nicht an einem Rastplatz aus. Es kommt zurück in erfahrene kundige Hände und wird weiterhin gut versorgt, nur eben nicht von Ihnen. Ein Pferd zu haben ist nicht billig. Ein nicht reitbares kostet im Unterhalt genau so viel wie ein reitbares. Wenn Sie nicht gerade Geld wie Heu haben, war es das dann mit dem Ritt auf eigenem Pferd in den Sonnenuntergang.

Wichtig sind auch die Formalien. Wenn Sie ein Islandpferd kaufen, achten Sie unbedingt darauf, dass es Papiere hat. Es gibt bei uns in Deutschland mittlerweile viele Kreuzungen. Sie finden verschiedenste Varianten. Wenn Sie damit liebäugeln, später einmal bei einem Hestadagar (Freizeitreiterturnier) mitzureiten, dann geht es nicht, wenn Ihr Pferd ein Mix ist. Die Teilnahme an einem Islandpferdeturnier ist nur für Islandpferde möglich. Und wenn Sie eine Stute haben, könnten Sie damit nie züchten. Oder Sie hätten ein Pferd ohne Papiere. Das kostet Sie zunächst viel Geld, ist aber kaum zu verkaufen.

Achten Sie beim Kauf darauf, dass Sie einen Kaufvertrag und den Eigentumsnachweis oder die Abstammungsurkunde bekommen. Außerdem benötigen Sie einen Equidenpass. Hier werden beispielsweise alle Impfungen eingetragen. Man könnte ihn – sehr großzügig – mit einem Kfz-Schein vergleichen. Sie müssen ihn immer mitführen, wenn Sie das Pferd transportieren.

Die Alternative: Reitbeteiligung

Sie können aber mit einem eigenen Pferd auch noch ein wenig warten und zunächst eine Reitbeteiligung suchen, oder – falls Sie das Traumpferd schon gefunden haben – für Ihr eigenes Pferd eine Reitbeteiligung suchen. Wenn Sie selbst gern Reitbeteiligung sein möchten, fragen Sie Ihren Reitlehrer oder andere Einsteller an Ihrem Stall. Andersherum informieren Sie Ihren Reitlehrer. Es dauert meist nicht sehr lange, bis man jemanden gefunden hat.

Eine Reitbeteiligung ist eine Person, die kein eigenes Pferd hat. Sei es, weil sie kein Geld hat, sei es, weil sie keine Zeit für ein eigenes Pferd hat, die Zukunft ungewiss ist oder einfach nur, weil sie sich noch nicht festlegen möchte und mehr Erfahrungen sammeln will. Bei einer Reitbeteiligung teilen sich zwei Menschen ein Pferd. Der Eigentümer trägt Pension, Schmied, Wurmkuren, Impfungen, Versicherung und alle anderen anfallenden Kosten. Rein rechnerisch kann man diese Beträge für ein Jahr addieren und dann durch 365 teilen. Dann hat man einen Tagessatz. Wenn die Reitbeteiligung zwei Mal die Woche reiten möchte, können Sie den Tagessatz mal zwei für die Woche und mal vier für den Monat rechnen. Auf diese Weise hat man eine sehr genaue anteilige Kostenübernahme. Es kann aber auch sein, die Reitbeteiligung ist reiterlich so gut, dass das Pferd dadurch besser wird oder so zuverlässig und gut zu dem Pferd, dass sie für weniger Geld öfter reiten darf. Oder eine Bedingung ist, dass eine Reiteinheit im Unterricht geritten wird. Alles ist möglich.

Meistens ist es so, dass der Eigentümer ein erwachsener berufstätiger Mensch ist und die Reitbeteiligung ein Teenager, dessen Eltern kein Geld für ein eigenes Pferd ausgeben wollen oder können. Manchmal möchte aber auch der erwachsene Späteinsteiger ausprobieren, wie es ist, sich um ein Pferd zu kümmern – ohne Aufsicht eines Reitlehrers und ohne dessen Ansagen. Seine Zeit reicht für ein oder zwei Mal Reiten in der Woche und ab und zu am Wochenende. Mit der richtigen Absprache profitieren alle Parteien. Der eine hat geringere finanzielle Verpflichtungen und – falls er einen vollen Wochenplan hat – etwas mehr Luft in der Woche. Vielleicht wird das Pferd reiterlich sogar mehr gefördert. Der andere hat ein Pferd, über das er an den vereinbarten Tagen verfügen kann.

Wenn man sich erst einmal gefunden hat, ist eine Reitbeteiligung eine tolle Sache für alle Beteiligten – auch für das Pferd. Ein Islandpferd, das immer vom selben Reiter geritten wird, stellt sich im Körper und Verhalten ganz auf ihn ein. Ist es auf der linken Seite ein wenig steifer als auf der rechten und der Eigentümer ebenfalls, dann verstärkt sich das Problem um ein Vielfaches und das Pferd wird auf dieser Seite besonders steif werden. Taktfehler im Tölt werden eine Konsequenz sein. Findet aber eine Abwechslung statt – so wie der Pferdewechsel in

Tölten in Island: Auch bei isländischem Winterwind gibt es nichts Vergleichbares.

Island – hat das Pferd die Gelegenheit, sich wieder auszurichten. Der zweite Reiter hat andere körperliche Eigenheiten.

Eine Reittour auf Island

Wer das Islandpferdereiten für sich entdeckt hat, will auch irgendwann in das Land und dort in ihrer Heimat auf Islandpferden reiten. Das ist auch für Anfänger möglich. Sie müssen sich im Vorfeld gut beim Veranstalter informieren, ob er geeignete Pferde hat.

Eine Reittour in Island ist etwas ganz Besonderes. Ist der Gedanke erst einmal da, wird überlegt: Kann ich das? Dann wird recherchiert. Am Stall werden andere gefragt, ob sie schon mal da waren. Es werden Kataloge gewälzt und im Internet geschaut. Wer eine Reittour in Island mitmachen möchte, zahlt schnell mehr als für drei Wochen Mallorca. Dafür bekommen Sie auch etwas ganz Besonders geboten. Auf einem Islandpferd durch die urtümliche und sehr spezielle Natur zu reiten, ist ein Erlebnis, das mit nichts gleichzusetzen ist.

Natur pur in Island: Eine Gruppe beim Durchqueren eines Flusses.

Die karge Landschaft Islands mit Gletschern in scheinbar greifbarer Nähe, mit schlafenden Vulkanen, in einer Stille, in der nur das Rauschen des Baches zu hören ist oder ein Wiehern eines Pferdes, im Sommer Tage, in denen die Sonne nicht untergeht: Das bekommen Sie nicht überall.

Gute Anbieter haben auch gute Pferde, die leicht und einfach zu tölten sind. Sie wissen, der Gast kommt wieder, wenn die Ritte Spaß gemacht haben. Es gibt für Reittouren verschiedene Angebote. Sie können Sternritte oder leichtere Ausritte

ohne Pferdewechsel machen. Das heißt, Sie buchen sich auf einem Hof ein und reiten jeden Tag in eine andere Richtung. Sie haben meist dasselbe Pferd und können nach oder vor dem Ritt etwas anderes machen.

Wenn Sie mit einer Herde reiten, ist das anders. Sie reiten für Tage vom Hof weg. Sie schlafen je nach Anbieter auf Farmen oder vielleicht sogar in Zelten, wobei die Autorin ersteres vorzieht. Sie sind eine Gruppe von bis zu fünfzehn Leuten und haben 60 Pferde dabei. Die Herde besteht aus unterschiedlichsten Pferden. Das sind erfahrene Reitpferde, die auch mal Anfänger tragen können, aber auch Jungpferde, die sich in der Ausbildung befinden und von den erfahrenen Pferden lernen oder Sportpferde, die Kondition aufbauen sollen.

Einige Menschen reiten vor der Herde und bestimmen die Richtung, andere reiten hinter der Herde und passen auf, dass kein Pferd zurück und die Herde beisammen bleibt. Beide Gruppen bestimmen das Tempo. Dadurch, dass bei so einer Reittour erfahrene Guides dabei sind, ist es auch mit Touristengruppen möglich, eine solche Herdentour zu machen. Damit die Pferde frisch und gesund bleiben, werden sie – je nach Schwierigkeit des Geländes – alle ein bis zwei Stunden gewechselt. Das hört sich einfach an, aber das erste Mal ist es ein echtes Abenteuer. Die hinteren Reiter treiben die Herde nicht mehr, lassen sich zurückfallen, um dann aufzufächern. Die vorderen Reiter werden ebenfalls immer langsamer und fächern auf. So entsteht ein Ring aus Reitern, der die Herde umschließt. Die Islandpferde haben durch ihre halbwilde Haltung großen Respekt vor dem Menschen. Wenn die Menschen richtig stehen, geht kein Pferd an ihnen vorbei. Man muss in Gedanken ein Seil anfassen und mit der Gruppe einen Ring bilden, die Herde umzingeln. Wenn das alle machen, stellen Sie sich automatisch richtig hin. Die Pferde nehmen Ihre Körpersprache auf und akzeptieren diese unsichtbare Barriere.

Nun sattelt der Erste sein Pferd ab und schickt es in die Herde. Nach Anweisung und mit Unterstützung eines Guides holt er sein neues Pferd und sattelt es. Das geht reihum, bis alle ein neues Pferd haben. Würden alle Pferde gleichzeitig abgesattelt und in die Herde geschickt und würde eines entdecken, dass der Kreis nicht geschlossen ist und loslaufen, wären in Nullkommanichts alle hinterher – und niemand hätte ein Reitpferd. Wenn dieser Pferdewechsel das erste Mal gelungen ist und die Herde wieder in Bewegung ist, dann können Sie schon stolz auf sich sein. Je nach Tagesstrecke werden die Pferde bis zu drei Mal gewechselt. Je nach Route gibt es beim Halt Flussbegrenzungen, die es erleichtern, die Herde zusammen zu halten.

Genießen Sie die unberührte Natur. Sie werden durch Gegenden reiten, in denen es nur Trampelpfade der Pferde gibt. Sie hören vielleicht einen Adler schreien. Aber Sie hören kein Auto, keine Straße, keine Zivilisationsgeräusche. Sie hören keine Flugzeuge und sehen keinen Kondensstreifen am Himmel. Sie, Ihre Gruppe, die Pferde – das ist alles. Vielleicht zieht eine Gruppe Schwäne im Tiefflug über einen See an Ihnen vorbei. Oder ein paar Schafe gehen Ihnen mit einem lautem »Mäh« aus dem Weg. Sie sind allein in der Natur. Wenn Sie Durst haben, trinken Sie aus einem Bach. Das isländische Wasser schmeckt fantastisch. Es gibt kein reineres.

Sie reiten an Seen vorbei oder durch sie hindurch. Sie queren Flüsse. Breit, hoch, gewaltig oder romantisch laden Wasserfälle zum Fotografieren ein. Es gibt keine Wälder, die die Berghänge schattieren. Die Berge erscheinen blau, ab und zu haben sie eine Spitze aus Schnee. Die Seen und Flüsse sind so klar, dass auch sie blau wirken. Manchmal sehen Sie in weiter Ferne oben am Berg ein paar sich bewegende Punkte. Das sind die Pferde, die bis zum Herbst frei leben dürfen. Sie atmen tief ein und es ist einfach nur schön.

Eine Reittour im Juni in Island? Tage, in denen die Sonne nicht untergeht? Da möchte man sagen: Ich fahre nach Hause, wenn es dunkel wird – im Oktober.

Jutta Plötz wurde 1961 geboren und Pferde haben sie, wie viele andere Frauen auch, immer fasziniert. Nach einigen eher kontraproduktiven Versuchen als Teenager und junge Frau mit Anfang 20 war sie sich sicher, nicht zum Reiten gemacht zu sein und ließ es lange bleiben. Die Sehnsucht blieb. Dann wurde sie mit fast 40 Jahren mit den Islandpferden bekanntgemacht und entdeckte: Sie ist doch zum Reiten gemacht. Die Isis haben ihr alles gegeben, was sie sich vom Reiten erträumt hatte. Sie ist eine ambitionierte Freizeitreiterin und steckt andere gern mit ihrer Begeisterung an.

Als ehemalige ängstliche Späteinsteigerin kann Jutta Plötz nachvollziehen, wie aufregend der Erstkontakt sein kann.

Sie hat sich auf den Erstkontakt zwischen Erwachsenen jeden Alters und Islandpferden spezialisiert und versucht in Ihrem Buch alle offenen ersten Fragen zu beantworten.

E-Mail: mail@frag-mal-jutta.de
Homepage: www.frag-mal-jutta.de

Unsere Erfolgsreihen auf einen Blick

Die Reitschule (Auswahl)

Urte Biallas, **Bodenarbeit**, ISBN 978-3-275-01708-9
Kerstin Diacont, **Horsemanship-Training**, ISBN 978-3-275-02058-4
Kerstin Diacont, **Klassische Arbeit an der Hand**, ISBN 978-3-275-02125-3
Kerstin Diacont, **Seitengänge für feines Reiten**, ISBN 978-3-275-02137-6
Kerstin Diacont, **Richtig Schritt reiten**, ISBN 978-3-275-02225-0
Kerstin Diacont, **Den Trab richtig reiten**, ISBN 978-3-275-02241-0
Kerstin Diacont, **Den Galopp richtig reiten**, ISBN 978-3-275-02273-1
Monika Hannawacker, **Zirkuslektionen**, ISBN 978-3-275-01831-4
Monika Hannawacker, **Reiten mit Halsring und gebisslosen Zäumungen**, ISBN 978-3-275-02288-5
Andrea Lipp, **Arbeit am Langen Zügel für Einsteiger**, ISBN 978-3-275-02226-7
Britta Schön, **Fit für die A-Dressur**, ISBN 978-3-275-02059-1
Sabine Schweickert, **Fahren für Einsteiger**, ISBN 978-3-275-02169-7
Viviane Theby, **So lernen Pferde**, ISBN 978-3-275-02081-2
Sigrid Weppelmann/Sandra Mensmann, **Longieren**, ISBN 978-3-275-01727-0
Inga Wolframm, **7 Schritte zum angstfreien Reiten**, ISBN 978-3-275-02054-6
Inga Wolframm, **Springen für Einsteiger**, ISBN 978-3-275-02242-7

Die Hundeschule (Auswahl)

Annegret Bangert, **Begleithund-Prüfung**, ISBN 978-3-275-02179-6
Petra Krivy/Angelika Lanzerath, **Was ein Welpe lernen muss**, ISBN 978-3-275-02292-2
Petra Krivy/Angelika Lanzerath, **Hunde verstehen**, ISBN 978-3-275-02116-1
Petra Krivy/Angelika Lanzerath, **Einfach gut erzogen**, ISBN 978-3-275-02082-2
Petra Krivy/Angelika Lanzerath, **Mein Hund im Flegelalter**, ISBN 978-3-275-02115-4
Monika Schaal/Ursula Daugschieß-Thumm, **Lockere Leine**, ISBN 978-3-275-02161-1
Monika Schaal/Petra Rammelsberger, **Bodenarbeit mit Hunden**, ISBN 978-3-275-02158-1
Monika Schaal, **Der Weg zum aufmerksamen Hund**, ISBN 978-3-27502201-4
Julia Schuster/Jochen Schleicher, **Dog Frisbee**, ISBN 978-3-275-01755-3
Karen Uecker, **Hunde spielend motivieren**, ISBN 978-3-275-01998-4
Manuela van Schewick, **Apportieren mit Spaß**, ISBN 978-3-275-01754-6

happy cats

Dayana Winkler, **Katzen-Tricks mit Clicker**, ISBN 978-3-275-01999-1

Jedes Buch mit 96 Seiten,
ca. 80 Abb., broschiert,
ab € 11,95 / € (A) 12,40

Pferdeglück

Pferdewissen

Zur richtigen Fürsorge für unsere liebsten Vierbeiner gehört auch die richtige Lektüre: in Cavallo steht alles, was die Pferdehaltung besser macht – und die Pferdeliebe intensiver.